池上 彰＋増田ユリヤ
Akira Ikegami & Julia Masuda

偏差値好きな
教育〝後進国〟ニッポン

ポプラ新書
141

はじめに

教育問題は、いつの時代にも語られてきた。曰く「最近の子どもときたら……」というように。「最近の子どもの学力は低下している」「最近の子どもの道徳心はどうなっているのか」「最近は少年犯罪が急増している」という類の発言が幅を利かせている。

とりわけ政治の場で、こういう議論が行われる。政治家にしてみれば、教育の大切さを説き、「教育を改革する」と言えば、有権者に受けると考えるのだろう。「道徳心を向上させるために道徳教育に力を入れる」という主張も、支持を得られると考えるのだろう。

消費税を上げるか据え置くか、原子力発電所の再稼働を認めるかどうか……。こうしたテーマは国民の賛否が分かれ、場合によっては国論が二分される。

しかし、教育の大切さを説いている限りは、誰からも文句が来ない。かくして教育のあり方が俎上に載せられる。

ところが、これらはいずれも「思い込み」に過ぎない。学力低下の確かな証拠（エビデンス）はない。子どもの道徳心は、昔から大人たちが嘆く定番のテーマだ。少年犯罪となると、むしろ減少し続けているほどだ。

一国の未来にとって、教育は極めて重要だ。だからこそ正確なデータに基づいて議論する必要がある。たとえば「道徳」教育だ。文部科学省は二〇一五年三月、道徳を「特別な教科」として格上げする新たな学習指導要領を告示した。多くの議論を呼ぶ中で導入された。「最近の子どもたちは道徳心が欠落している」という思い込みの結果だった。

道徳が「教科」になることで、今後は教科書を使った教育が行われることになる。教科書に基づく授業が行われるのは小学校が二〇一八年度、中学校は二〇一九年度からだ。

戦後の学校教育では、道徳を教科として教えることはなかった。それは、戦前に「修身科」で「忠君愛国」が教え込まれてきたことへの反省だった。

ところが、一九五八年の学習指導要領の改訂で、教科外活動の一つとして「道徳の時間」が設定された。私が小学生のときだ。このときは、道徳を「教科」にしないことが条件とされた。一人ひとりの生き方に関わる価値を国家が国民に押し付けていいのか、という懸念があったからだ。

しかし今後、道徳が教科となると、子どもたち一人ひとりの生き方や考え方が評価されることになる。子どもたちの中には、先生が求める考え方を忖度《そんたく》する行動が生まれることだろう。国を挙げて忖度のできる人間を育成しようとしているようにも見えてしまう。

このように道徳教育一つをとっても、教育の難しさがわかろうというものだ。こうして見ると、日本の教育は〝後進国〟と酷評したくなる側面があるのではないか。では、私たちは、どうすればいいのか。まずは海外での教育実践の様子を知ることから始めようではないか、というのが本書の目的だ。海外の教育現場を増田ユリヤが取材し、その内容を受けて池上が解説するという構成になっている。この本が日本の教育を冷静に考える材料になればと願っている。

二〇一七年一一月

ジャーナリスト　池上　彰

偏差値好きな教育〝後進国〟ニッポン／目次

むために／問題を起こした子の処遇はどうなるのか／退学生徒の一時受け入れ施設／自分に目をかけてほしい、それが子ども／若者が子どもたちに人権を教える／まずは子どもと打ち解けるところから／いじめに関する中学生アンケート／緊急の電話番号、知っていますか？／保健室にいる看護師の役割は、問題を鎮めること

池上彰　「いじめを隠そうとする」日本の学校　085

「道徳心」を重視する日本の教育／「いじめ」は一九八〇年代から問題に／相次いだ「いじめ自殺」／「第二の波」がやってきた／「第三の波」／文科省、「いじめ」の定義を変更／「発生件数」から「認知件数」へ／そして「第四の波」／いじめは増えているのか／イギリスでも「ネットいじめ」深刻／アメリカ、各州に「反いじめ法」／大人の見守りの大切さ／「人権教育」の大切さ／精神論でなく、現場の充実を

第3章

増田ユリヤ

写真・増田ユリヤ（165頁を除く）
カバーデザイン／FROG KING STUDIO
カバー写真／中西裕人

序章

日本の教育はなぜ変わらないままなのか

池上彰＋増田ユリヤ

フィンランドの小学校の授業風景

日本の教育は成功？　失敗？

池上　日本の小学校から高校までの教育内容の骨子《こっし》を定める学習指導要領の改訂が二〇一七年の三月に公示されました。「伝統や文化に関する教育の充実」、「道徳教育の充実」が謳《うた》われ、例えば中学校の保健体育の授業では銃剣道が選択肢として明記されました。現行の学習指導要領でも武道の中で銃剣道を教えることはできます。しかし今回あえてそれを明記した。武道の必修化にともなって、中学校では武道場の整備が進められています。校舎の耐震化の方を優先すべきではないかと思うのですが。こういうところにも文部科学省の忖度《そんたく》が働いているのかと勘ぐりたくもなる動きですが、日本の教育はなかなか変化しませんね。

増田　文部科学省から大学への天下りが問題になったりもしました。学校が文部科学省の意向を受け入れ易い下地はずっとあります。

池上　文科省は、「課題の発見・解決に向けた主体的・協働的な学び」、要はアクティブ・ラーニングを進めたいようなことを言っているけれど、それもあまり進んでいきませんね。

増田　この本の「世界のリスクの学び方」という章では、フィンランドの原発の状況と原発をはじめ教育がどのようにそれらの問題に取り組んでいるかをまとめました。さまざまな危機を乗り越えるために、なかなか答えの出ない問題をどう考えるかを課題にしている授業がフィンランドでは行われています。要するに教科書の教科を越えるような学びをしていく。つまり学んだことと現実の生活とのつながりを考えながら学ぶといったことなのですが、日本ではそういった授業ができているかというと、相変わらずあまりうまくいっていないですね。

池上　日本では「総合的な学習の時間」が、自分で課題を見つけて考え、解決していくことを目標に打ち出しています。ただ個々の授業では成功している例もあるのだろうけれど、「総合的な学習の時間」が、基礎的な学科の授業時間を削っているなどともいわれ、学力低下の一因にされたりしていました。

増田　日本の教育は、教科をなんでもプログラム化してきっちり教えます。そしてそれが今の日本をつくり上げたとも言えるのです。日本に住む多くの人たちの平均的な学力を上げてきたわけですから。だから一概にどちらがいいとか悪いとは言えませんが、教育の向きにも得手不得手はあります。

池上　私が小中学校に通っていたときに受けていた全国学力テストの結果は、都道府県や地域による差が大変大きかった。都会は学力が上で日本海側や東北は学力が低くて、格差がすごくあったんです。ところが最近は都道府県や地域による学力の差はほとんどない状態になっている。一億以上の人口がある国で全国津々浦々どこであっても子どもが一定の学力をつけることができたという点では、日本の教育は大成功ですよ。

増田　世界的に見たら、日本の教育は全然遜色ありません。

池上　日本の教育はおかしい、問題があると、日本では多くの人がよく言うのですけれど、そう思い込んでいるフシがあります。だから、日本の教育はすばらしいという本を出しても売れそうもない。危機だ、危機だと煽《あお》った方が評判になる（笑）。

増田　特に政治家が、自分の理想通りになっていないと嫌なのかもしれません。

池上　以前、東京を上空から見るというテレビの企画がありました。緑と広い空地があちらこちらにあって、その多くは小学校や中学校なんです。明治の頃から、まず学校の用地を全国で確保して、子どもたちに教育を受けさせた。これは日本という国の近代が始まった証しでもあるんですね。また、どんな田舎に行っても先生たちが一所懸命、子どもに教育は必要ないという親を説得して、子どもに学校に来てもらった。

そして学習指導要領を徹底したことで全国的に学力が上がっていったわけです。

増田　だからこそ逆に学習指導要領で教育に縛りをかけると恐ろしいとも思うんです。全国津々浦々にさまざまなことを教育という名の下で押しつけることになりますから。

池上　そうですよね。学習指導要領があったことで一定の学力が全国で定着したけれど、その力が強いだけに、どう使うか、どう使われるかに注意を払っていかないといけない。何事もどこから見るかで、それぞれ捉え方が違ってきます。教育もどう見て、どう捉えるかですね。

増田　ですから日本の教育が一定の成果を挙げているからといって、問題がないわけではありません。そしてフィンランドをはじめ他の国に問題がないかと言ったら、そんなこともないんです。

文部科学省を解体せよ

池上　フィンランドだと、政治の教育への影響を排除するための仕組みができていることがすごいと思っています。教育省という、日本では文部科学省にあたる役所がフィンランドにはあります。その大臣、つまり教育大臣というのは日本と同じように政治家がその要職に就くわけです。ただ、教育省は教育のための予算を考えるところであって、カリキュラムは教育省のほかに国家教育委員会という組織があって、そこが現場の先生からいろいろな情報を吸い上げたり、調査をしたりして決めている。カリキュラムが子どもや教育現場にとってどのような意味があるかということを踏まえて、日本でいうところの学習指導要領をつくっているわけです。その際には、専門家で議論をすることになっている。この政治家が教育の現場に口を出せないシステムはいいと思いました。

増田　最近のフィンランドの学習指導要領の改訂では、先程言った、さまざまな危機を乗り越えるための授業はさらに推進されることになったと聞いています。この自分で何か物事を考えるために、何もないところから考える力をつけるという課題を、フィンランドの教育はたいせつにしています。

池上　日本では、そういう教育の軸が政治家のせいでぶれる傾向が強いですね。教育を語ると聞こえはいいし、政治家が選挙のときに教育に一所懸命力を入れていますというと、なんとなくイメージがよくて票が集まるみたいなことになる。そうすると、政治家の方もそれをうまく使おうということになります。その結果、文教族と呼ばれる政治家が生まれて、それなりの一定数になる。さらに文部科学省の役人たちは異動が多いですから、文教族の方が教育行政に関する知識や経緯について詳《くわ》しくなっていく。すると法案なども文教族の許可なしには文科省の役人も進められなくなってくるのです。

文部科学大臣が代わると、その大臣は自分の考えを形に残したい。そうすると、中央教育審議会を開いて、何かを変えなければいけないということを前提にして議論する。今の教育がいいのか悪いのかということをきちんと検証することもないまま、「いじめが最近は多い」、「なんで少年事件がこんなに起こるんだ」、「異常な殺人事件が多く起きている」、「学力が低下しているんじゃないか」といったそれぞれ全くエビデンス（証拠）がない、印象をもとにした発言に引きずられて、さまざまなことが変えられていってしまう。

増田　フィンランドの話で、いじめについてどう対処するかを思い出しました。何か起こったら、みんなが居心地がいいとはどういうことかを、あらゆる面から考えるということなんです。そうやって考えることで、いじめをなくす方向に持っていく。もちろんフィンランドにもいじめがあって、問題になります。でも、そういう発想の仕方というか、根本的なところでの考え方で対処していく。私にとって居心地がいいだけでいいのか。みんなにとって居心地がいい状態とはどんな環境なのかと、みんなで考えていく。日本ではなかなかそういうふうにはならなくて、道徳を教科化して、いじめにも対応するなんていうことになっていきます。

池上　日本は、現場に任せたり、現場の先生の報告を聞いたりして、これからを考えていくといった仕組みになっていません。大概が上から決まっていきます。流行に飛びついて、例えばこれからはＡＩだと言われれば、プログラミングはじめコンピュータについての授業を増やしましょう。英語がもっと必要だと言われれば、小さい頃から英語教育を始めましょうと。それで何がたいせつなのか、何を軸に据えなくてはいけないのかが曖昧になって、わけがわからなくなっていってしまう。

学力テストでわかる世界の規準、日本の規準

増田　学校は何をするところですかと、フィンランドで訊いたときに、たのしく生きる術を学ぶ場所と言われたんです。なるほどなと思いました。そう考えると、では、そのためにどうやって勉強しましょうか、いじめをなくすにはどうしましょうかとい

う発想も日本とは違った角度で出てくると思うんです。日本の場合、どこかの学校へ入るために勉強するなんていうことになりがちですけれど、フィンランドでは、学校はそういう場所ではないんですね。

池上　日本もまずは文科省を解体して、中央教育委員会をつくればいいのではないでしょうか。今は文科省が学習指導要領づくりをやっています。けれど、文科省の役人の中には教育学部出身者なんてあまりいません。教育のことをたいして知らない役人たちより、現場の先生の状況や学力テストの結果をきちんと読み解き、子どもたちの学力のどこが強くて、どこが弱いのかを見極め、次のカリキュラムを考えていけるような専門家を集めて、政治に左右されない学習指導要領をつくる組織を新設すればいいと考えてしまいます。

増田　全国学力テストが二〇〇七年に復活したのも政治主導でしたよね。

池上　ＯＥＣＤ（経済開発協力機構）が国際的に学習到達度を調査しているＰＩＳＡ（Programme for International Student Assessment）の日本の順位が下がったことが要因になって、小泉純一郎内閣のとき、当時の文部科学大臣の中山成彬が提案しました。

増田　ＰＩＳＡは二〇〇〇年から三年ごとに実施されていて、日本の順位が初回より二回目に下がったことが話題になり、国内の学力低下が取り沙汰されるようになったんですよね。そして中止されていた全国学力テストが再開されることになった。

池上　ＰＩＳＡの順位が下がったのだけれど、実態をよく見ると、参加国が増えたことによって、日本の順位が下がっただけで、絶対的な成績は日本が下がっていたわけではなかったんです。しかし国内で学力低下だと言われ出したときに、昔に比べて学力が低下しているかどうかというデータがなかった。だから学力テストを始めようといって始まったんです。

増田　ただ、日本の全国学力テストは、悉皆《しっかい》調査、つまり全員参加なんですよね。それも何度もやっていると試験対策をした上での調査になってしまいますから、学力を継続的に調査するには、意味がないんです。

池上　ＰＩＳＡというのは、統計学的に選んだ一握りの集団だけに試験をして、試験が終わったあと、問題を回収してしまいます。だから毎年、同じ問題を出せるわけです。全員に同じテストをしてしまったら、テストの内容が漏れるし、試験対策が次の年からできてしまいます。毎年、同じ問題をランダムに一定数の子どもたちで調査しているからこそ、その結果を見て、学力が上がっているのか、下がっているのかが比較できるのに、毎年違った問題が出題される悉皆調査の日本の学力テストにはあまり意味がありません。

増田　全国学力テストが再開された二〇〇七年は、小学六年生と中学三年生が全員参加でした。それが二〇一〇年には約三割の抽出方法になったんです。しかしその後、希望する学校も参加できるようになって、また二〇一三年から悉皆調査に戻りました。保護者から、家の子がテストを受けていないのはずるいという声が多くなったから、全員参加になったと言われています。

池上　私が小中学生のときにも全国学力テストがありました。このときも都道府県別の競争が過剰になってしまって、あまりにそれがひどいということでやめたんです。テストの日に成績の悪い子どもを自宅待機させたりしていた。今も同じようなことが起こっています。

増田　外国人の子どもなどを参加させない学校もあるようです。日本でも最近は外国人の子たちが増えていますからね。けれど日本は、例えばヨーロッパの国のようにいろいろな国の子がいて言葉ができない、今日入ってきた子がいるなんてことが日常茶飯事でたいへんな状況ではないわけです。そういう環境の国と比べれば、日本でテストをしたら学力は高いと思います。だから移民が多い国、例えばフランスやイギリス、アメリカのＰＩＳＡの順位と比べて日本はどういう位置にいるのか、そういう視点も必要なのではないでしょうか。

現場の教師は余裕がない

池上　増田さんはずっと長いこと教壇に立ってきて、学力をはじめ何か子どもの変化を感じたりはしましたか。

増田　最初に教えた学校はあまり勉強が得意でない子たちが集まる学校でしたし、あとの二〇年は、それなりに家庭環境も整っているような家の子たちだったので、比較するといってもどこに基準を置くかということがまずあります。

池上　確かに単純には比較できないし、簡単に子ども全体を語れないということですね。

増田　ええ。ただ、私が教えていた二七年の間に、途中からインターネットが登場したりして、情報の取り方が変わってきましたから、そこは以前とは全然違います。例えば、リポートも手書きの時代と、全部デジタルで処理してくる時代では、子どもに求められる能力は違うでしょうから、それをどう捉えるかです。

例えば発表のときにパワーポイントを使ってアニメーションできれいに仕上げたりする子も中にはいました。中国と台湾の問題を扱ってわかり易くよくまとまっているんですけれど、その子は特に社会科が得意なわけではないんですよ。でもそういうものをつくる能力はすごくあるわけです。だからプレゼンのときにそういう子の点数は高いです。

池上　能力をはかる基準や評価の対象自体が教育の現場においてもどんどん変化しているということですね。

増田　それでも、基礎的な学力や物事を考える力が上がったか下がったかといわれると、どう捉えたらいいのでしょう。自分が教壇に立っていた時代で、前半は真摯に勉強してきた子が多くいたとすると、最近は、要領がよくなったという言い方が適切なのかどうかわからないですけれど、まあまあできるものの、飛び抜けてもいないといった感じでしょうか。学ぶ姿勢が個性的な子が少なくなったという言い方もできるかもしれないです。最近の子は勉強はできるかもしれません。塾でいろいろと教わって、ノウハウも身に着けているかもしれないんですけれど、何か話をしたときに突出した感じの子が少なくなったという感触を持っていました。今はもう教育の現場から三年も離れていますから、状況はまた変わっているかもしれませんし、私の個人的な感覚です。しかし変な言い方ですけれど、そういう感触があったからこそ、私が教えなくてもいいんだという思いが湧いて、教員を辞めてもいいと判断したのかもしれません。

池上　海外の教育現場の取材をしていると、何か感じますか。

増田　どこの国も子どもは全然変わらないということです。

池上　それはそうですね。みんな、勉強より遊ぶ方がたのしいし、好きです。最初から勉強が好きなんて子がいるわけがない。

増田　そうなんです。だから私は取材をするようになって、学力が高いフィンランドの子たちはすごく勉強をしているんじゃないか、先生も特別な授業をしているんじゃないかと思っていたのですけれど、それが全部幻想だっていうことがわかったんです。

池上　フィンランドを見ると、先生の授業自体は、日本の先生と大して変わりはないですね。ただ一番違うのは、クラブ活動や課外活動、そういうことは先生が担当しなくてもいい。その分、先生にゆとりがあるとは思いました。

増田　フィンランドの先生たちは授業に集中できるんですよね。でも、本当に日本の先生たちもよくやっていると思います。それでも差異も確かにあるんです。フィンランドは、教科書もマストアイテムではないわけですよね。使っても使わなくてもいい。あとは教師の裁量にまかせるということになっています。だから余計、教師の力量を試されるところがある。

池上　アメリカの教科書って分厚いですよね。要するに読んでいるだけで理解できるようになっている。それは先生を信用していないからなんです。アメリカの学校の先生は社会的に地位も低いし、給料も一〇か月分しか出ません。七月、八月は教えていないから給料がないんですよ。だからレベルの低い先生も多い。それで、そういう先生に教えられたとしても、教科書さえきちんとしていれば、生徒が読んで理解できるだろうと、厚くなっている。それに比べると、日本の教科書は薄いですね。教科書をもとに先生がいろいろ教えられるようにしてあるんです。日本の義務教育のレベルは世界トップレベルですから、もっと自信を持った方がいいと思います。

増田　そうなんですよ。海外の教育がすごいことをしているかというと、別に特別に優れたことをしているわけではないんです。最近、ドイツへ行って、政治の授業などを見ても、私と教え方はそんなに変わらないと思いました。教材が模擬選挙の結果だったりして、それはうらやましい思いで見ていましたけれど。しかし、そこで教えられていることはそんなに日本と変わりません。例えばドイツの選挙の仕組みはどうなっているのか。では、前回よりも議席が増える超過議席というのは何かと。それを生徒たちに発表させる。日本の授業と違いはないです。

池上　大学教育でもそういうところがある。イギリスのある私立大学の授業を見せてもらったんです。「ここは大事なところだから、ノートにとって」と先生が話している。日本の大学でも同じようなことをしていて、「これが大学か」なんていうふうに嘆く風潮もあるけれど、変わらないんです。

アメリカのハーバード大学でも戦後の日本の政治史の講義を聴いていたら、たいした内容でなくて驚いたこともあります。ハーバード大学では、一週間の内に講義を聴くクラスと、それをもとにして討論をする二つの授業に分かれていて、討論の場合は、みんなが発言している。確かにその点は日本よりいいんだけれど、質問の内容がたいしたことない場合もあるんですよね。

増田　海外に優れた先生もいれば、いい授業もある。逆に偏《かたよ》った先生もいれば、たいしたことがない授業だってあります。日本にも優れた先生がいるし、そういう先生の授業を見れば、すばらしい、こういうふうにみんながで
きればいいなと思うでしょう。ただ、一つ言えることは、日本では今、学校に勤める年代の方たちの大半は、プログラム化された学校の勉強を学んできたと思うんです。そうすると、圧倒的に実生活のいろいろな経験が足りないと思います。どういうことかというと、例えばフィンランドのように授業数が少ないことで、先生が私生活をたいせつに過ごせる。いろいろなことが余裕を持ってできると思うのです。そうしてこそ毎日の生活で体験したことを先生が学校や授業にフィードバックすることも可能になってくるんです。

池上　日本の先生たちは本当に忙しいですからね。日本は、クラスの人数も多い。クラスの人数を減らして、先生が授業にもっと集中できるようにするだけでも、随分変化するんじゃないでしょうか。

増田　余裕が生まれれば、先生たちも日常生活でもっといろいろな経験を積む時間ができるでしょうからね。そういう発想を、日本でももっと持った方がいいのではないかと思います。本来、それは学校の先生のあり方だけではなく、すべての人や社会に言えることなんです。

今の社会では、学校や塾で学んだことをずっと積み上げてきて、教員になります。でも、そこでもプログラム化された教科を授業としてすることになるわけですよね。その中で急に自分の発想を持とうとしても、先生も子どももかなり厳しいと思います。だからフィンランドのように教科書も何もないところから自分で何かを学ぶ、もしくは学ぶことを探す、そこからできる力をつけるということを子どもに対して教員が教えようとしてもなかなか難しいということになるんです。

逆に日本の教育はプログラムの中できっちりと進めることで質を保っていると言えます。だからいい面と悪い面があると思うんです。

池上　いろいろな現場を取材している増田さんだから言えることですね。

増田　私はいろいろなところを見には行っていますけれど、すべてを見ているわけではありません。ただ、そうやって行ってみると、そこからヒントを得られるかもしれない。そういう発想です。あとは、ああ、こういうことなのかと、確認に行っているんです。フランスへいじめの取材に行っているときだって、そこで起きていることは特別でもなんでもありませんでした。日本でも起こっていることです。だからこそ現場のみなさんは、フランスも日本も、どこも同じようなことで悩んでいる。それを確認に行っているんだと思います。

池上　それと同時に差異もきちんと見出しているよね。本文で触れられているけれど、フランス人の行動の根本的なところに人権への意識があって、いじめも人権の観点から解決策を考えている。日本でも大事にしたい点です。

増田　ただ、子どもがどこの国でも同じように、子どもに何か起こったときの保護者への対応の難しさも、日本だけの問題ではありません。学校の取り組み方にクレームをつけてくる保護者もいるわけで、教員たちが丁寧に対応しても逆ギレするような人たちがいます。

池上　日本でも一時、「モンスター・ペアレンツ」といわれて問題化していました。

増田　フランスのある中学校の生徒の生活指導専門官は、「毅然とした態度で臨み、学校のやり方に従ってもらいます。保護者の言いなりにはなりません」と言っていました。他の中学校の校長も「学校が直すべき点はたくさんある。それはその通り。しかし、子どもの問題について学校がすべての責任を負うと考えるのは一方的でおかしな話ですよね。問題点がわかったら、それを解決するために学校も家庭も一緒になって努力すべきなのに」、「自分の子どもを歪んだ形で守ろうとして、かえって悪い方向に行ってしまう」と、学校の対応に納得いかず、会って話しがしたいと何度も連絡してくる保護者に対して、事情はきちんと説明したと、きっぱり断っていました。

池上 たとえ親からであっても理不尽な要求は拒否する。これは教師としての誇りかな。日本だとなかなかそうはいかないような気がします。

増田 いじめの現場一つとっても、そうやってどういう解決方法をとっているのかなと見に行って、訊いてみる。例えば近所の人たちを雇って、いじめ防止のために見守り隊のような組織をつくっているケースもある。そうやって見て聞いたことが、もう私たちも実施している場合もあれば、これからできることかもしれない。特別なことってそうそうないと思うんです。どこが秀でているとか、偏差値で並べたりというのは、そういう序列が好きな人たちがすることであって、多くの人たちが必要とする教育においては、そんなに差はないのではないかと考えています。

池上 教育を比べて優劣を競っても仕方がないわけで、よりよくするためにはどうしたらよいかのヒントを、この本で見つけてもらえたらいいですね。

第1章 いじめ問題と向き合う
フランスの挑戦

パリ郊外の中学校でいじめについて
看護学校の学生たちと中学生が話し合う。

増田ユリヤ　人権からアプローチするフランス

いじめ防止法案への違和感

二〇一三年六月二一日。「いじめ防止対策推進法案」が参議院本会議で可決、成立した。

法制化にいたる直接のきっかけとなったのは、二〇一一年一〇月に滋賀県大津市立の中学校で起きた、いじめを受けていた男子生徒が自殺をした事件である。翌二〇一二年になって、男子生徒の両親が「息子の自殺の原因はいじめ」として、大津市や加害者の生徒に損害賠償を求めたことがきっかけとなり、にわかにこの事件が注目されることとなった。担任がいじめを把握していたのに何の対策も講じていなかったこと、事件後に学校でアンケート調査を行い、いじめの問題を把握していたにもかかわらず、結果を一部しか報告しなかった上、自殺との因果関係を認めようとしなかったことなど、学校や教育委員会の無責任で不誠実な対応に言葉を失い、怒りを覚えた人も多かったと思う。

この事件を知ったとき私が思い起こしたのは、今から三一年前になるが、東京中野区立富士見中学校の鹿川裕史くんが「葬式ごっこ」などのいじめが原因で自殺した事件である。同じあやまちを何度繰り返せばいいのか、と体中の力が抜け落ちていくような感覚に襲われた。

いじめ問題が法制化される、というのは初めてのことだ。その内容を見ると、いじめの早期発見や防止のために複数の教職員やスクールカウンセラーからなる組織を置き、いじめ対策を検討することや、相談窓口の設置、いじめに関する定期調査、道徳教育の充実などが掲げられ、いじめがあった場合には、被害者側への支援、加害者側への指導・助言、暴力をふるうなど犯罪にあたる行為は警察への通報義務も定めている。大津市の中学校で起きた事件の一連の対応のまずさを反省した上での法案だということは、内容を見れば理解できる。亡くなった男子生徒の父親は、文部科学省で開かれた記者会見の席で「息子が今生きている子どもたちのために命がけでつくった法律だと思う」、「日本の学校が変わったと実感できるまで、法律の運用を見守りたい」

と涙ながらに、力をこめて語ったという（毎日新聞ウェブ版二〇一三年六月二二日）。最愛の息子をいじめによる自殺という形で失った家族の心情はいかばかりか、と思う一方で、今回の法案の内容を法制化しなければ、義務化しなければ、「いじめ」を防止したり、未然に防いだりすることができないのか、という疑問が私自身の中には残る。このすっきりしない思いはどこからくるのか。

海外の教育現場を取材していると、どこの国でも、特に中学生の問題行動は目に余るものがあり、だからこそ予算をつけ人を配置し、その対策を講じているところが多い。ちょうど大津の事件と同じ二〇一一年一〇月に、いじめによる自殺が起きたフランスの中学校に回を重ねて取材することができたので、その話をきっかけにこの問題を考えていく。

フェイスブックから始まった「見えないいじめ」

パリ市北部にある一八区。一九世紀以降、ルノワールやピカソといった多くの芸術家たちの活躍の舞台となったモンマルトルの丘をのぞむ地区だ。最寄りのメトロのマークス・ドーモア駅から幹線道路沿いに歩いて数分。悲劇はこの丘のふもとにあるマークス・ドーモア中学校で起こった。

話をしてくれたのは、この学校の校長、副校長、そしてＣＰＥ《セーペーウー》（Conseiller principal d'éducation）の三人。ＣＰＥはフランスの中学校に置かれる、生徒の生活指導専門官のことである。

「事件当時のことを思い出すと私たちも本当につらいですが、日本のいじめや自殺の問題の参考になるのであればお話しします」と取材に応じてくれた。

「すべては事件が起こったあとに、わかったことなんです」

とヴェロニク・デュペラ校長（五三歳）は言う。

二〇一一年一〇月。三学年（日本の中学三年生・一四〜一五歳）の女の子の間で、フェイスブックによるいじめがあった。自殺したＡ子は、同じクラスのＢ子からフェイスブックで繰り返し悪口を言われ、それに同調した近所の別の中学校の顔見知りの子からも悪口を書き込まれていた。教室でも繰り返し汚い言葉でなじられていたという。

「Ａ子はすごく真面目でいい生徒。卒業を控え、自分の将来を見据えて、成功したくて勉強でも何でも頑張っていたんです。学力レベルも高くて、先生が説明している間に割って入って話を付け加えることができるほど賢い子でした」とＣＰＥのシルヴィー・カバッシュ＝プロヴァンさん（四七歳）。「一方、B子は問題を起こして前の中学校を退学させられ、この中学校に転校してきたんです。B子と一緒になってフェイスブックにA子の悪口を書き込んでいたのは、前の中学校の仲間たちでした。悪口の内容は、優等生のA子を揶揄《やゆ》嘲笑《ちょうしょう》するような内容だったと聞いています」

いじめがあった期間は二週間から一か月に満たない程度で、そんなに長い期間ではなかったという。真面目なA子は、B子のいじめや嫌がらせを相手にせず、半ば無視したような態度をとり続けていた。しかし、反応がないことが面白くなかったのか、B子の行動はさらにエスカレートし、学校が半日で終わった水曜日の昼下がりに、学校近くの公園にA子を呼び出した。A子は行きたくないと拒んだが、クラスにいた周囲の子たちに囃《はや》し立てられて、仕方なく呼び出しに応じた。そして、どちらが口火を切ったのかは定かではないが、つかみ合いの大ゲンカになったのである。ケンカは髪の毛の引っ張り合いから、殴る蹴るの暴力にまで発展した。そして最終的にはいじめていたB子の方が叩きのめされ、その場から逃げ帰る、という結果になった。

その日の夜、B子は負けた悔しさから、さらにA子に対するひどい誹謗中傷をフェイスブックに書き込んだ。もちろん先生たちはケンカのことも、フェイスブックのことも、この時点ではまったく知らなかった。

翌木曜日の放課後、B子が友だち一〇人を引き連れて、A子の自宅に乗り込んでいった。何度もチャイムを鳴らし、ドアをドンドンと叩く。A子が出ようとしないので母親がドアを開けると、そこには大挙して押しかけてきたB子たちがいた。「A子に昨日暴力をふるわれたので、復讐に来ました」。そこで初めて娘が友だちとの間にトラブルがあったということを知った母親は、ビックリ仰天。とりあえずB子たちに帰ってもらったあと、A子をひどく叱ったそうだ。その後、母親はA子を家に残して近くのコインランドリーに出かけた。

A子が自殺したのは、その直後のことだった。B子たちは帰らずに、まだA子の自宅近くにいたのである。A子の住むアパートの前には、B子たち一〇人のほかに、さらに男の子を含む一〇人ほどの同級生たちが集まってきていて、これまで同様、窓の下からA子の悪口を言って囃し立てていた。ほどなくして窓辺に姿を現したA子は、白いタオルで目隠しをしていた。自殺する覚悟を決めていたのである。そして「目隠しなんかしたって、どうせ飛び降りる勇気なんてないくせに」と大騒ぎしている子どもたちの目の前に、七階からA子が身を投げた。ほぼ即死の状態だった。

ショックを受けた子どもたちは、無言でその場から散り散りに立ち去った。自宅の前で倒れているA子を最初に発見したのは、コインランドリーから帰宅した母親であった。

A子が自殺をはかったのは、一八時から一九時の間。学校は一七時半に閉まるので、デュペラ校長が事件を知ったのは、区役所から連絡があった二三時頃のことだった。

ささいないじめが取り返しのつかない結果に

「あの日、A子は笑顔で「さようなら」と言っていつものように帰っていきました。まさかその直後にあんなことが起こるなんて……」とカリム・ヤヤウィ副校長。「学校の中で起こったことだったら、ふつうはわかるんですよ。でもフェイスブックのことまでは……まったくわかりませんでした」とCPEのカバッシュさんも肩を落とす。

一連の事件の経緯については、自殺があった翌日の金曜日以降、A子とB子双方の保護者や事件にかかわった生徒たちの話、警察の調査などから、ようやく全体の状況が明らかになっていったそうだ。事件直後の対応としては、生徒だけでなく教師たちの精神的なケアを行いながら、人権や命の尊厳について、個々の人生の大切さについて、子どもたちと一緒に考える時間をつくった。同時に、インターネットやSNS（ソーシャル・ネットワーキング・サービス）の危険性について学ぶ時間を三、四時間設けた。

もちろん、テレビ局をはじめ各方面のメディア関係者たちが学校付近に待ち構えて、勝手に生徒たちにインタビューをしようとする動きも見られた。そこで、警察やアカデミー（教育委員会）担当者の同席のもとデュペラ校長が記者会見を開き、その時点でわかっていたことに関しては、きちんと状況を説明した。それと同時に、この会見以降は、精神的に不安定になっている子どもたちを守るために、メディアの取材はシャットアウトするということも宣言した。

B子がA子に対してそこまで攻撃的な態度をとったのはなぜか。なぜ、A子は自殺にまで追い込まれたのか。

CPEのカバッシュさんによれば、「家庭環境と学力レベルの違いの問題、それに起因するB子の嫉妬心が根本にあった」という。ハイチから移民してきた家庭に生まれたA子は、規律正しい環境に育ち、非常に真面目で勉強もクラスでトップ。模範的な優等生だった。一方、マグレブ（北アフリカ）からの移民家庭に生まれ育ったB子は、三人姉妹の末っ子で母子家庭。仕事に忙しい母親は不在のことが多く、かまってもらえないので、夜になっても好きな時間に出歩いて遊んでいた。前の中学校で問題を起こして退学になりこの学校に編入してきたB子は、まったく反省の色が見られず、編入後も宿題を全然してこなかったり、教師に対して反抗的な態度をとり続けていた。

結局B子は今回のこの事件で再度退学を余儀なくされ、さらに別の学校へ編入することになったという（フランスでは度を越した問題行動を起こした場合、義務教育でも退学させることがある。その場合、別の受け入れ校を探して、編入するという形をとる。詳しくは後述）。

「B子はさびしかったのでしょう。自分がクラスのリーダーになって、みんなをまとめたかったんですね。でも、A子がすごくできる子だったから、それも叶わず、妬ましくて仕方なかった。A子もB子も、どんなささいなことでもいいから私たちに話してくれれば、こんな事件は起きなかっただろうと思います」とデュペラ校長。

「A子は勉強もできるし非常に真面目。そういう意味ではまったく問題のない子でした。だからこそ、優等生だということを理由にからかわれたり、自分が望まないケンカまでしなくてはならなかったことがイヤで仕方なかったのでしょう。まして、そのことで親に叱られるなんて、良い子でいたA子には我慢ならなかったのだと思います。子どもたちは、日常的にお互いの悪口を言い合ったりします。それを平気でやり過ごせる子もいれば、小さな一言で傷つく子もいます。A子の場合には、教室でもフェイスブックでも、何度も同じような悪口を繰り返し言われることに傷ついて、精神的に追い込まれていったのでしょう」とCPEのカバッシュさんは分析する。

この事件の反省から、マークス・ドーモア中学校では、問題が小さなうちに芽を摘み、子どもたちが何でも隠さずに言える環境をつくろうと、学校、家庭、地域の人たちや警察にも協力してもらって努力を続けている。そのいじめ対策の具体例をいくつか紹介しよう。

あるケース――宿題をやらせることは、いじめか？

フランスの中学校には、CPEのほかに、子どもたちの監視員がいる。特別な資格はなく、パートタイムで働く地域の主婦や学生であることが多い。主な仕事は、子どもたちの授業がない空き時間や食堂で過ごす時間の見守り、登下校時や昼休みに自宅に帰って食事をする子たちの出入りのチェック（フランスでは給食もあるが、自宅に帰って昼食を食べてもよい)、看護師が不在のときの病気やけがの対応などである(フランスでは学校の保健室に正規の資格をもった看護師がいる。後述)。

子どもたちはA5判サイズの顔写真付き連絡帳を持っていて、そこに時間割などが書いてある。特にお昼休みの出入りの際には、監視員が連絡帳と時間割をチェックし、サボッたりしないように指導するのだ。もちろん、サボろうとする子がいるのは日常茶飯事であるし、食堂ではしょっちゅうケンカや小さないさかいがあるので、監視員たちも子どもたちから目が離せない。しかし、先生でもない大人、しかも同じ地域の住民で、昔からお互いに顔見知りだったりすることも多く、子どもにとっては何でも話しやすい大人でもある。マークス・ドーモア中学校でも、この監視員が、子ども同士のケンカやいじめの情報をいち早くキャッチして伝えてくれることが多いという。

CPEのカバッシュさんが最も信頼を置いているという、監視員のマルゴ・ワグネーさんが気づいたといういじめを例に考えてみよう。マルゴさんはこの学校で働き始めて五年。学校の近くに住んでいて、子どもたちに最も近い存在だという。

●監視員マルゴさんの話

五学年（日本の中学一年生・一二〜一三歳）のレクリエーションの時間に立ち会っていたときのことでした。グループに分かれて行動していたのですが、その中の何人かが怯《おび》えた様子で、何も言えずにいたんです。「どうしたの？」と聞いてもしばらくの間は何も言わずに、ただ黙っていました。そうしているうちに、その中の一人が突然泣き出したんです。そこで、よくよく話を聞いてみると、同じクラスの子に宿題をやらされていたということがわかりました。本人は言い出せなくて、つらい思いをしていたんですね。いじめられているような子は、目を見ればわかります。

私がびっくりしたのは、宿題をやらされていた子たちが、自分たちがいじめられているということがわからないということです。「友だちなんだから、宿題をやってあげるのは当たり前なんじゃないの？」なんて言うんですよ。だから、「そんなのは友だちじゃない。友だちとは言わない」と教えました。私が彼らの様子に気づかなかったら、ずっと宿題をやり続けていたでしょう。宿題をやらせていた子たちも、自分たちがいじめているという自覚はまったくありませんでした。その子たちは心理的に強い子たちで「宿題してきてね」と頼み、「宿題やってきてくれた？」となり、やっていないということになると「何でやってこなかったのか」と、どんどん強い口調と態度になっていったのです。弱い子たちを怖がらせていたんですね。

私の役割はここまでです。あとは校長とCPEに引き継ぎ、罰を与え、自分たちのしたことはいけないことなんだということを教え諭してもらいました。これ以降、その子たちの間に特に問題は起きていません。

●いじめた側の言い分

「この問題は解決済みですので、本人たちから話をさせましょう」

マルゴさんへのインタビューを終えCPEの居室を訪ねると、カバッシュさんがそう言って部屋から出ていった。ほどなくして、カバッシュさんと一緒に男の子が四人やってきた。うち二人が宿題をやらせた方、残りがやらされた方だという。まさか本人たちから話が聞けると思っていなかったし、しかも両者そろってやってきたことに少々面食らったが、とりあえず「いじめた側」の二人から話を聞くことにした。名前はセリムくんとナデルくん。両親は二人ともマグレブ（北アフリカ）出身で、体格のいい子たちだ。セリムくんはグレーのヨットパーカーにデニム、ナデルくんは黒いトレーナーにスウェットをはいていた。

――さっきの二人に自分たちの宿題をやらせたって聞いたけど。

セリムくん「宿題をやってくれるというから頼んだんだよ。何回かお願いしているうちに、(宿題をしてくれた子がセリムくんの)ノートを忘れてきた、ということがあって、何で忘れたんだと怒ったら、突然その子が泣き出したんだ」

ナデルくん「僕も(宿題を)やってくれるというから、頼んでいただけだよ。結局、僕はやってもらえなかったのに、校長先生にいくら話してもわかってくれなかった。僕たちが一方的に意地悪をしたと思われているんだ」

――でも、宿題をしてもらう、ということ自体、いけないことでしょう?

セリムくん「それは、マルゴさんやCPEのカバッシュさん、校長先生からも言われて、悪いということに気づいたよ。でも、宿題をやってくれるというから渡しておいたノートを二週間も返してくれなかったんだ。どうなっているんだと怒った僕も悪かったかもしれないけれど、このままだとノートが提出できなくて、〇点になっちゃうとイライラしていたんだ」

ナデルくん「それに、僕たちは校長先生たちに言ってないことがあるんだ」

セリムくん「そうなんだよ。本当は宿題をやってくれることが交換条件になっていたんだ」

——交換条件って？

セリムくん「さっき一緒に来た子で、背の小さな子がいたでしょう？　あの子が学級委員に立候補しようとしていたんだ。学級委員は投票で決めるから、票が欲しくて宿題をやってあげる、って言ってきたんだよ」

ナデルくん「あの子はそれで無事に学級委員に当選したから、そのことを言ってしまうと、話がややこしくなるし、問題も二倍になってしまうから、僕たちはちゃんと黙ってあげているんだよ」

セリムくん「それなのに、あの子はそのことは何も言わなくて、ただ宿題をやらされていた、ということだけを校長先生たちに言ったんだ」

（二人そろって）「あいつらの方がうそつきだよ‼」

——でも、お互いにお友だちになりたいと今は思っているって、校長先生やＣＰＥの方たちから聞いたけど。

ナデルくん「あいつらはいい子ぶってそんなこと言っているけど、僕らはイヤだね」

セリムくん「大人はわかってくれない……」

――一日停学になったと聞いたけど、お父さんやお母さんにもこのことは自分の口から言ったの？

セリムくん「何を言ったって、僕らがやったことが悪い、ただそれだけ」

突然の告白にちょっとびっくりしたが、とりあえず自分たちがやったことが悪いという自覚ができたことは間違いない。ただ、彼らにも言い分があったのだ。

同じ問題について、いじめられた側はどう説明してくれるのだろうか。

●いじめられた側の言い分
次に現れたのは、メラブくんとジョエルくん。二人ともアジア系の子たちで、さっきの二人と比べると、体格が小柄で痩せている。メラブくんは赤いトレーナー、ジョエルくんはグレーの上着を着ていた。学級委員に立候補・当選したのは、メラブくんである。

――宿題をやらされていたことを話すきっかけは、どんなことだったの？

ジョエルくん「何があったのか、本当のことを話しなさいと言われました」

メラブくん「数学の練習問題をやってきて、と頼まれました。（セリムくんが）怖かったからOKと言ったんです。家に持って帰ってやっていたのですが、まだやっていない、と言ったら僕のことを叩こうとしました。それを監視員のマルゴさんが見ていて、CPEのカバッシュさんの判断で、彼らが一日の停学になりました」

ジョエルくん「僕の場合は、もっとひどくて……。数学の宿題をやってくれと言われて全部やりました。そのノートを渡す約束の日、セリムくんは八時から数学の授業があったんだけど、僕は二時間目からの授業の日だったので、学校に着いたのが九時だった。それで間に合わなくて怒られました。他の日にはフランス語の文法の宿題も頼まれたのでやりました。理由は、彼らがほかの子に暴力をふるっていたのを見て、怖かったからです」

メラブくん「たまたまマルゴさんが彼らに囲まれている僕たちを見て、それで先生たちにわかったんです」

――お父さんやお母さんにはこのことは言ったの？

メラブくん「言いました。問題があったら、すぐに言わなきゃダメだと言われました」

ジョエルくん「ほかの人の宿題はしてはいけない、と言われました」

――宿題をしてあげることに、何か交換条件とか、そういうことはなかったの？

（二人とも）「なかったです」

――先生たちは、もう仲直りして、お互いに友だちになりたいと思っていると言っていたけれど、本当のところはどう？

ジョエルくん「ちょっと心配もあるけれど、たぶん、大丈夫だと思う（友だちになれると思う）」

メラブくん「僕は彼らと仲良くしたいと思っています」

問題は解決したと聞いていたので、そのつもりでインタビューをした。しかし、いじめた側、いじめられた側、両者の現時点の相手に対する思いは微妙に食い違っていた。宿題をやらせたというセリムくんとナデルくんの「言い分」＝「交換条件」について、校長やＣＰＥは知っているのだろうか。

直接的な表現で確認はしなかったが、インタビューのあと、「セリムくんとナデルくんにも、それなりの言い分があるようですね」とデュペラ校長とCPEのカバッシュさんに問いかけた。すると二人とも「彼らから十分話は聞きました。宿題をやらせたという行為、それ自体が問題なのです」という返事だった。それ以上は私が介入すべき問題ではないと思ったので、あえて突っ込んで話を聞くことはしなかったが、思春期の子どもから真意を聞き出すことは、容易なことではない。それは、どこの国でも同じなのだ。

問題が小さなうちに芽を摘むために

フランスにおけるいじめ問題のとらえ方やその実態、対策に関しては、パリ市とその郊外、ドイツと国境を接するストラスブール市（青少年の問題に積極的に取り組んでいる）など、これまでに全部で七つの小中学校を取材した。また、教育省をはじめ、教育委員会や自治体担当者、アソシエーション（民間団体。日本のＮＰＯに類似）、警察など関連機関へのインタビューを試みた。その取材内容すべてに共通していたことがある。それは「子どもが何でも言える環境づくりに取り組むこと」だ。

子ども、特に思春期の子どもと話をするのは容易ではない。いじめの問題に限らず、悩みがあったり、誰にも打ち明けられずに一人で苦しんでいるようなことがあったりしても、友人にすら相談できないことがある。友人に相談しても解決できず、大人の協力が必要な場合だってあるだろう。

これまで話をしてきたパリ一八区のマークス・ドーモア中学校でも、事件後の監視員やCPE、教員の子どもに対する積極的な働きかけによって、子どもの方からフェイスブックを見せにきて「今、ケンカがあるよ」と教えてくれることが増えたそうだ。「問題が小さなうちに芽を摘む」ことは、いじめを予防する第一歩である。しかし、子どもがそうやって何でも打ち明けることができる相手となるには、「信頼できる大人」となることが不可欠である。

学校以外でも「いじめの予防」と「信頼できる大人」になろうと積極的に取り組んでいる人たちがいる。その一つが警察だ。

マークス・ドーモア中学校を管轄しているパリ一八区警察署で話を聞いた。応対してくれたのは、青少年問題担当のフランク・マチュー巡査長とハミッド・エムシアディ巡査の二人。前述のいじめ自殺事件の担当でもある。

――マークス・ドーモア中学校で起きたいじめによる自殺事件。この事件をどうとらえていますか。

マチュー巡査長「非常に深刻な問題です。こんなことで命を落とさなければならないなんて、それ（いじめや自殺）を止められなかったということに対して、学校関係者も生徒も、保護者ももちろん私たち警察も、心理的に負った傷は大きいです。SNSによるいじめは、どんどん増えています。しかも、例えばフェイスブックに悪口や陰口、ゆすりのような脅し文句を書き込んだ上で、学校に行っていじめを実行する。太った子の写真をこっそり撮影して、悪口とともにネット上でばらまく。単純に顔を合わせて悪口を言うだけではないので、いじめられている子は二重三重につらい思いをします。マークス・ドーモア中学校の事件後は、SNSの急速な普及に対する危機感から、特に中学校を中心に訪問して、いじめや大きな事件を未然に防ぐための講習を積極的に行うようになりました。講習では、①インターネットを悪用しない、②市民性教育と他者への理解、主にこの二つについて教えます」

エムシアディ巡査「インターネットを悪用すると法律違反になる、ということを、五学年（日本の中学一年生・一二〜一三歳）を対象に教えています。フェイスブックの使用を申し込めるのは一三歳から。子どもたちに「フェイスブックで知り合った人は友だちだと思いますか」と聞くと、多くの子たちが「友だちだ」と言います。でもフェイスブックで知り合った人は、単なる「知り合い」なのです。書き込みをしているうちに、ささいなことで相手をバカにするような発言をしたり、脅すようなことを書いてしまうことがありますが、それはやってはいけないこと。どんな小さなことでも、相手を傷つけるようなことを言ったとしたら、それは言葉の暴力なんだということを教えます。また、フェイスブックで脅しておいて、実際に学校で会ったときに「ゆすり」や「たかり」のようなことをする。脅して小遣い稼ぎをするなんて、それはいじめを通り越して恐喝行為。立派な犯罪です。

犯罪かどうか調べるために、警察はフェイスブックを調査することができるんだよ、と言うと、子どもたちは必ず「フェイスブックはプライベートな部分だから、（警察の介入は）できないんじゃないの？」と言ってきます。そんなことはない、公の場なんだということを説明します。公の場だから、例えば自分の水着姿が可愛く撮れたからといってそれを載せたりすると、自分が知らない第三者、つまり全然違うところで写真を悪用される危険性がある、ということも教えます」

マチュー巡査長「人をあざ笑うような記事とか、性的なものや暴力的な写真が掲載されているのを見て「いいね！」をクリックしたら、その人にも責任があるということも話します。クラス写真を掲載したいと思っても、中には自分の顔を載せたくない人もいます。それは肖像権の問題です。映画や音楽を勝手にコピーして大勢で共有していくことが著作権侵害に当たることも、わかっていない子どもが大半です。作品を無料で配るようなことをしたら、それを生活の糧《かて》にしているアーティストはどうなるのか、ということを考えさせます。

当たり前のことばかりのように思えますが、子どもは大人が思っている以上に、自分の行為が悪いことだと自覚していない場合が多い。だからこそ、一つひとつ、丁寧に説明する必要があるのです」

エムシアディ巡査「いじめに関してもそうです。いじめている本人ですら、悪いことをしている自覚がなかったりする。相手を傷つける行為はいけないこと。相手がイヤだと思う行為である以上、それはいじめです。本人がいじめだと言い出せなかったり、周囲にいる子もいじめられているのを知っているのに黙っていたりしたら、状況はどんどん悪くなっていきます。だから、怖がらないで早い段階で話してもらえるよう、大人がその環境をつくっていかねばなりません」

——思春期の子どもが自分の思いを大人に話すのは、ただでさえ難しい。何でも話してもらえるような信頼関係を結ぶには、どういう環境づくりが必要でしょうか。まして、警察官に話をする、というのはハードルが高すぎるのではないですか。

マチュー巡査長「確かに難しい問題です。親にすらなかなか話ができない、というのが現実ですからね。親に対しては「言いたくない」という気持ちが強いばかりでなく、共働きで忙しい親とコミュニケーションがきちんととれていない、という子どもも増えています。会話がなくとも、日々の生活はまわっていくし、必要なことはメール連絡でも済んでしまう。しかし、それでは子どもとの信頼関係を築いていくことも、今回のような事件を未然に防ぐことも、非常に難しいでしょう」

エムシアディ巡査「だからといって、警察官に何でも話してくれ、と子どもに言ったところで、ハードルが高すぎて敬遠されてしまう、ということぐらい私たちにだってわかります。そこで、そのハードルをなくすために、警察官と子どもたちが一緒に遊ぶ機会をバカンスごとに設けています」

――警察官と子どもたちが一緒に遊ぶ……、いったいどういう活動ですか。

エムシアディ巡査「参加資格は八歳から一七歳の子どもなら誰でもＯＫ。季節ごとの短い休暇や七～八月の夏のバカンス時期を利用して、スポーツ競技場などがある大きな公園で、サッカーやバスケット、ローラーブレードなどを一緒に楽しむというイベントです。参加費は無料で、現地集合・現地解散。お昼から夕方までの日帰りの活動で、ランチとお菓子もついてきます。われわれ警察官もＴシャツなどの私服姿で、子連れで参加する人も多い。私も娘を連れていきます。地域の子どもと顔見知りになり、楽しく一緒に時間を過ごすことで、子どもとの距離がグッと縮まり、お互いに話しやすくなるんです」

――一回の参加人数はどのくらいですか。

エムシアディ巡査「子どもは、だいたい一五〇～二〇〇人程度で、八～一〇人の子どもに対し、最低一人の警察官がつきます。また、「アニマター」という子どもに接する仕事の資格をもった人も一〇人程度参加します。広告を学校に出し、希望者は警察に来て申し込みをします。その際、保護者の承諾書、健康診断書、住民票、健康保険証が必要です。一度参加するとリピーターになる子も多い。楽しいし、親しくなれるし、いいことずくめです」
マチュー巡査長「こうして人間関係をつくり、何か困ったことがあったときに「あっ、あのときの警察の人に相談してみよう」と思い出してもらえるような存在になっていきたい。信頼関係づくりに、直接のふれあい以外に勝るものはないと思います。地道だけれど、確実な方法だと信じています」

問題を起こした子の処遇はどうなるのか

いじめや子どもの問題行動は今に始まったことではなく、前からあった問題だとマチュー巡査長もエムシアディ巡査も言う。マークス・ドーモア中学校で、A子を自殺に追い込んだB子は、義務教育だというのに退学を繰り返すことになってしまった。こうした問題行動を起こした子は、どのような処遇を受けるのだろうか。

フランスで「退学」は、いったん在籍している学校をやめることを言う。「いったん」と言ったのは、中学校は義務教育であるため、たとえ退学させられても、次に受け入れてくれる別の学校を探して転入することになる。一口に退学と言っても、問題行動を起こしたからすぐに退学、というのではなく、その生徒を退学させるかどうかという会議を開き、そこには教員だけではなく、学校運営にかかわっている保護者の代表（私が取材したパリ郊外の学校では六人）も参加して協議する。たいていの場合、その生徒の行状が、よほど悪質だったり犯罪を犯したりということでない限り、退学という選択肢は避けてその生徒の更生について考えるという。

では、退学処分と決まった場合にはどうするのか。暴力をふるったり、恐喝や窃盗などの犯罪を犯した子が、退学したからといって次の学校ですぐに更生するかといえば、そんなはずはあるわけがない。そこで、退学した生徒の精神面と生活面での立て直しをはかるために、一週間という期間限定で、退学した生徒を教育する施設があると一八区の警察署が紹介してくれた。実は例の事件後、インタビューを受けてくれたマチュー巡査長は、インターネットの正しい使い方や子どもの人権について、その施設に通って子どもたちに教えているというのだ。

退学生徒の一時受け入れ施設

施設の正式（公的）名称は Accueil Scolaire（直訳すると「学校の受け入れ」）。一八区にある施設の名前は、ソントル・トルシーといい、ちょうどメトロの駅をはさんで、中学校と反対側にある。

この退学者の受け入れ施設は、パリ市が二〇〇五年から始めたもので、現在は市内三か所に同じ施設がある。その目的は、問題を起こした子どもの状況がそれ以上悪くならないように、何が起こった（どんな問題を起こした）のかということを子どもに落ち着いて考える場を与えると同時に、大人も子どもを受け入れて、一緒に子どもと考える機会をもつということだ。受け入れる子どもは一一歳から一六歳までの中学生で、退学者だけでなく、停学になった子も受け入れている。ソントル・トルシーではパリ一七〜一九区の子どもを対象に、年間およそ一六〇人、一週間に平均して七人の子どもを受け入れている。職員は三人で、学校以外の施設で子どもの教育に当たる資格を持った「エデュカター」という人たちが子どもの指導に当たる。

一週間の期間限定なので、プログラムは月曜日から始まり、金曜日に終了する。月曜日の朝、保護者と一緒に来て手続きをし、子どもは一時間程度の面接を行う。どうして退学をしたのか、その理由を一つひとつ丁寧に話を聞きながらチェックしていく。もちろん、その子どもに関する資料は通っていた中学校から渡されている。退学の主な理由は、暴力、授業妨害、教員に対する罵《のの》りなどで、暴力の理由がいじめであるかどうかは個別のことなので、はっきりとした統計はない。来所する子の七〇%は男子で、初日はひどく落ち込んでいるか、怒っているか、といった様子だという。

どの日も午前中は学校と同じ授業形式で、主にフランス語や数学を勉強して、次の学校への転入に備える。お昼は給食をとり、軽くスポーツをしたあと、午後は絵を描いたり粘土をこねたりといった芸術系の活動をする。自己表現を助けたり、自分の気持ちを落ち着けて自分の価値を見直すことが目的だ。こうして月曜日から金曜日までを過ごし、金曜日の夕方に保護者と面談し、一週間の成果と今後の方針を決めていく。

「ここに来る子どもたちの多くは、一週間の間に落ち着きを取り戻していきます。学校と違い、ここではマンツーマンに近い状態で大人が子どもと向き合い、話をゆっくり聞きながら悪いことは悪いと教え、その一方で子どもが楽しいと思えることを一緒に見つけていきます。例えば、テニスをして楽しかった、といういい体験ができれば、それを続けられるような方法はないか一緒に考えてあげます。そうしたことから、子どもは自信を少しずつ回復し、また大人に対しても心を少しずつ開くようになっていくのです」と所長のエドヴィッジュ・コーさんは言う。コーさんはこの施設で働いて六年になる。

「中には特別なプログラムが必要な子もいますが、たいていの子は、ここでのプログラムである程度の立て直しができます。ただ、ここに来る子の多くは、学校での問題だけでなく、家庭での問題も抱えています。この年齢の子に二つの問題を一緒に背負わせるのは重すぎます。特に家庭の問題は、誰にも話せない子が多い。だから、問題を整理して気持ちを落ち着かせ、まずは学校の問題を解決していくのです」

自分に目をかけてほしい、それが子ども

子どもたちの活動には、三人の職員以外に、心理カウンセラーやスポーツ・芸術の専門家などの外部講師を招いて指導に当たってもらう。マチュー巡査長の講習もその一つだ。「盗みやゆすりをすると、どういう罪になるか」ということを法的に説明すると、子どもたちの方からいろいろな質問が出たり、「他者の尊厳を認める」という話をすると、「警察の人が老人を捕まえるときに、叩いたりしてすごく乱暴な扱いをしているのを目撃したが、それはどうなのか」など、具体例を示して積極的に授業に参加する姿勢を見せるそうだ。

私が訪問したのは金曜日の午後。子どもたちにとって最終日のこの日は「一〇年後

に読む手紙」と題して、自分がやりたいことを三つ書き、一〇年後の自分へのメッセージと自分の肖像画を描く、という課題に取り組んでいた。参加していたのは、男女それぞれ二人ずつ。そこに職員が二人ついて、子どもたちの様子を見ながらサポートしていく。

私のような日本人が見学に来ていたということもあって、男子の一人が非常に落ち着かない態度を見せていた。課題に関するプリントを渡されても、読もうとしない。「知らない人（筆者のこと）がいる。やりにくい」、「これもイヤ、あれもイヤ。やりたくない」。まるで駄々っ子である。しかし二〇代とおぼしき若い女性スタッフは、その態度に短気を起こすこともなく、優しく丁寧に説明を繰り返し、彼の意志を引き出そうとしていた。

三〇分ほど経過したところで、活動の邪魔になると悪いと思い、静かに帰ろうとしたとたん、四人の子が一斉にこちらを見て話しかけてきた。「もう帰っちゃうの？」と。その様子を見ていると、結局、誰もがみな自分に気をひきたい、自分に目をかけてほしい、と望んでいることがひしひしと伝わってくる。さみしいし、甘えたいし、もっと自分のことをわかってほしい、それが子どもなのだ。それが満たされないと、何か別の形で訴える。その表現方法が暴力だったり恐喝だったりと、歪んだ形で出てしまったのである。

気持ちを落ち着け、善悪の規範を身につけること。それはもちろん学校でも教えられる部分はあるが、学校だけに頼る問題ではない。家庭や社会全体の問題でもある。

若者が子どもたちに人権を教える

自分がやっていることが悪いことなのか自覚がない。友だちにやられていることがいじめだという認識がない。子どもは大人が思っている以上に、善悪の判断基準がわかっていないのだ。では、いじめや暴力などの問題行動をどうやって理解させたらいいのか。その手だての一つが、子どもに「人権」を教えることだという。

そこで、パリに本部のあるＪＡＤＥ（Jeunes Ambassadeurs des Droits auprès des Enfants : 直訳すると、「子どもに関する権利を伝える若い使節」）というアソシエーションの活動を取材した。

この活動に参加できるのは一八〜二五歳の若者で、期間は一〇月〜翌年六月の九か月間。一か月間の研修を経て実際に学校を訪問し、子どもたちに人権についての授業を行う。一期間に参加する若者はおよそ三〇人。その若者たちが二つのグループに分かれ、それぞれ自分たちが授業で使用するオリジナル教材を作成し、それらをもとに、さらに三、四人がチームを組んで現場を訪問する。訪問先は中学校が中心だが、小学校や前述のソントル・トルシーのような民間教育施設などでも授業を行っている。授業は一回一時間で、一か所につき二回訪問する。学校によっては、一学年二、三クラスが一緒のときもあるし、一クラス単位の少人数の場合もある。

二〇一二年一〇月からこの活動に参加しているという、エマニュエル・ブラゲさん(二〇歳)とジョニー・ミランドさん(二三歳)に話を聞いた。エマニュエルさんは大学二年生。法学部で人権について学んでいる。ジョニーさんは大学で心理学を学んでいるが、一年休学してこの活動に参加していて、ソーシャルワーカーの資格を持っている。話を聞いたのは、二〇一三年三月。ちょうど活動期間の半分を過ぎた頃だった。

――どうして、この活動に参加しようと思ったのですか。

エマニュエルさん「私自身は、これまでいじめの経験や友だちとの関係でイヤな思いをしたことがほとんどなく、幸せな子ども時代を過ごしてきました。でも、子どもに関する報道を見ていると、幼い子どもが銃を構えて戦いに参加しているとか、強制労働させられているとか、世界にはまだまだ子どもの人権を無視している現状があります。法学部で学んでいるうちに人権に関して非常に興味をもつようになり、特にそうした子どもの人権について関心を抱くようになりました。そんなときにＪＡＤＥの活動を知り、実際に子どもたちに人権を教えるということはどういうことなのか、実践的に学べるのではないかと思い、参加することにしました」

ジョニーさん「私も自分自身はいじめにあったり、イヤな思いをしたことがありません。私の場合は何といっても子どもが好きで、自分の時間をほかの人に役立つことのために使いたい。そういう思いが強いんです。ソーシャルワーカーの資格も持っていますが、将来的には中学校で仕事をしたり、問題を抱える子どもが多い学校や施設の校長として働きたいという希望があります。ＪＡＤＥの活動は、そのためのいい経験になるのではないかと思ったのです」

――実際に参加してみてどうですか。

エマニュエルさん「ＪＡＤＥのメンバーは、それぞれ全然知らない、関係のない人同士が一緒になって活動します。共通点は、子どもとかかわりたいと思っているということ。みんなそれぞれ視点が違うので、教材を作ったり、それをどう説明していくのか、という議論を進めていくのが、とても楽しいです」

ジョニーさん「私たちが作った教材は、国連の「子どもの権利条約」全五四条の中から一二の大事なことを選び出して、それを子どもたちに伝えるということを目的としています。

一二の大事なこととは、次のとおりです。

①アイデンティティーをもつ権利
②家族と一緒に生活する権利
③プライベートの生活が守られる権利
④年齢に応じて公平に裁かれる権利
⑤どんな子どもも平等である権利
⑥できるだけ良い状態の健康を維持する権利（栄養面など）
⑦さまざまな形の暴力から守られる権利
⑧児童労働の禁止

⑨ハンディキャップの子も他の人たちと一緒に生きていく権利
⑩教育を受ける権利、課外活動や趣味・レクリエーションの機会をもつ権利
⑪子どもの発言を聞いてもらう権利（表現する権利）
⑫戦争時に守られる権利（子どもに武器を持たせたり、軍服を着せて戦わせてはいけない）

この内容をもとにパワーポイントで資料を作成し、それを子どもに見せながら話をしていきます。大切なのは、この一二の法律が守られていなかったら、子どもでも自分から言わなければならないし、言う権利がある、ということを伝えることです。

例えば、いじめられて暴力を受けたときに、先生や親に言えない場合でも、相談できる電話があるとか、どんな大人に言ったらいいかということを説明すると、子どもは素直に私たちが言うことを信じてくれます」

エマニュエルさん「この前は中学校で六学年の生徒（日本の小学六年生・一一～一二歳。フランスではこの学年から中学生）に話をしました。問題の多い学校だと聞いていたのですが、みんなすごく静かに説明を聞いてくれました。「知らなかった」、「もっと聞きたい」と言ってとっても興味をもってくれて、一時間では話し足りないほどで

した。自分たちの日常生活やいじめや暴力の問題と、人権が関係あるということを知らなかったんです。

行く学校やクラスによって子どもの様子は違います。意見をたくさん言ってくれるクラスとそうでないクラスがありますし、私たちが思いもよらない質問を投げかけてきて、ハッとさせられることもあります。一回目の授業の結果をふまえて二回目に訪問するようにしていますので、とても勉強になります」

ジョニーさん「貧しさや不平等といったことがわからない、そんな質問もあります。「うちの親はこう言っていた」、「親にはこう言われた」という反応をする子も多く、子どもは親の影響を受けやすいということもよくわかります。最終的には、例えばケンカやいじめがあったときに、こうした人権に対する考え方を土台にして、解決策を子ども自身で探せるようになってほしい。その手助けができればという思いでいます」

彼らが作ったという資料を見せてもらった。国連と「子どもの権利条約」の成立の歴史から始まり、子どもの定義（フランスは〇～一七歳。一八歳から成人）、一二の大事なこと、続いて一二の項目について一項目一ページずつにまとめたスライドで説明するようになっている。それぞれのページには、例えば子どもが労働させられていたり、友だちに殴られている様子を表したイラストや写真が盛り込まれていて、見ただけでその内容が理解しやすい表現の工夫がなされていた。

まずは子どもと打ち解けるところから

エマニュエルさんたちが授業をする現場を見せてほしいと再三にわたって取材を申し込んだが、こちらのタイミングが合わなかったり、受け入れ先の中学校の許可が下りないことが多く、ようやく見せてもらえたのは二〇一三年六月の初め。彼らの活動期間が終わろうとしている頃のことだった。この日は午後から、未成年亡命者の子どもたちを保護しているアソシエーションで、人権についての授業を行うという。

未成年亡命者とは、母国の政情や経済的な理由でフランスに不法入国してきた子たちのことを言う。不法入国とは、正式な滞在許可証がないという意味だ。フランスの場合、一八歳未満の未成年であれば、たとえどんな状況にその子どもがあろうとも、無条件でその人権は保護され、教育を受けることができる（詳しくは拙著『移民社会フランスで生きる子どもたち』参照）。

エマニュエルさんたちとメトロの駅で待ち合わせ、アソシエーションに向かった。

この日の先生役は、エマニュエルさんと同じグループの女性二人だ。三人とも両手に大きな荷物を抱えている。「今日は天気がいいので、公園で授業をします」とエマニュエルさん。アソシエーションに到着すると、ルーマニア、コンゴ民主共和国、カンボジアなどからやってきたという男女五人の子どもが食堂で待っていた。長い坂道を一緒に歩いて、丘の上の大きな公園に向かう。到着すると、あたり一面に広がる緑の芝生がまぶしくて、思わず寝ころびたくなるような解放感に包まれた。

「これから、ルールを説明します！」とエマニュエルさんたち。どんな授業になるのかと思ったら、まずは二手に分かれて鬼ごっこの要領で陣地取りをするという。お互いの陣地には段ボールで作ったジグソーパズルのピースが置いてあり、それを奪ってパズルを完成させる、というゲームだ。お互いの陣地を三〇メートルぐらい離れた場所に作ったため、なかなかピースを奪えないどころか、初夏の日差しのもと、走り回ってみんな汗びっしょりになっていた。最初は参加したがらなかった子も、エマニュエルさんたちが楽しそうに走り回る様子につられて、一緒にキャーキャーと声をあげながらタッチをしたり、上着の裾をつかんだりしていた。

三〇分ほど経過しただろうか、結局勝負がつかなかったので、今度は芝生の上で車座になり、芝の上に広げたジグソーパズルを完成させる作業にとりかかった。完成させると全部で一二枚のイラストになる。その一枚一枚に、子どもの人権についての説明が描かれていたのだ。

一枚完成するごとに、イラストや写真と一緒に書かれた文字を読み上げて、その意味を確認していく。子どもたちは、まだフランスに来て間もないため、フランス語がほとんどわからない。

「（車椅子のイラストを指差しながら）ハンディキャップのある子でも、みんなと一緒の生活をする権利があるのよ」、「（黒板の前に立つスカーフを被った少女の写真を見せながら）子どもはどんな子でも、学ぶ権利があります」とエマニュエルさんたちが説明をしていく。

子ども「ハンディキャップのある人ってどういう人のこと？」

エマニュエルさん「例えば、目の見えない人や、足が不自由で歩けない人のことを言うのよ。でも、ほかの人の助けがあれば、学校にだって通えるよね」

子ども「僕は、ハンディキャップはないけれど、自分の国にいるときにも、学校にほとんど行っていないよ」

エマニュエルさん「言葉がわからなくても、発言する権利は誰にもあるのよ。歌ったり、遊んだり、踊ったりして表現する権利もね」

手作りのジグソーパズルが一二枚。全部完成して説明が終わる頃には、夕方になっていた。

公園からの帰り道、エマニュエルさんたちに「ジグソーパズルは手作りだったんですね」と声をかけると、「授業の前に一度打ち合わせに来たんです。そのときにここにいる子どもたちの状況を聞いたので、言葉がわからなくても説明ができて、しかもフランス語の勉強にもなるような教材を作ろうとみんなで考えて作りました。そこに遊びを組み合わせたら子どもたちも打ち解けられるかなって。今日は青空でよく晴れていたので、お天気にも助けられました。楽しかったです」。三人とも笑顔でそう語ってくれた。

不法であろうとなかろうと、移民の子どもの受け入れには寛容な国フランス。されど、彼らにこれから待ち受けているさまざまな困難は容易に想像できる。それを少しでも勇気をもって乗り越えていくために、自分たちの権利を知っておくことは彼らの強みになるはずだ。差別的な扱いを受けたり、いじめや暴力などを理不尽に受けたときにも、それを発言していい権利をもっているということを知っているのだから。

いじめに関する中学生アンケート

パリ市の郊外、南部に位置するヴィトリー・スー・セーヌ市（以下、ヴィトリー市）。パリ市内に通勤する人たちのベッドタウンであると同時に、アフリカからの玄関口であるオルリー空港に近く、移民の多い地域でもある。ここにあるギュスターヴ・モノ中学校（以下、モノ中学校）で、いじめに関するアンケート結果の発表と、その結果をふまえた授業が行われるというので、取材を申し込んだ。

このアンケートや授業は、教育委員会と

手作りのジグソーパズルで人権を教える

ヴィトリー市にある三つの病院付属看護学校の学生たち三五八人、それに市内六五か所の中学校や教育施設で働く看護師六五人の協力によって実現したものである。主に中学六、五学年（日本の小学六年生、中学一年生・一一〜一三歳）を対象とし、ヴィトリー市全体では、八六七六人の生徒にアンケートを行った。

モノ中学校は六学年九〇人、五学年七六人、合計一六六人がアンケートに回答（生徒自身・保護者が拒否した三人は回答に参加せず）。女子は八四人（五〇・六％）、男子七四人、性別無回答八人。質問の内容と結果は次頁以降のとおりである。

アンケートの結果は看護学生が集計・分析して、結果を学校側に公表したのは授業が実施された日（モノ中学校の場合は二〇一三年一月二八日）である。授業はアンケート結果をふまえて、看護学生たちがプログラムを考えた。この日、モノ中学校を訪れた看護学生は全部で六人。三人一組で二グループに分かれ、クラス単位で午前中に三時間、六、五学年六クラスに対して授業を行った。

〈日常生活〉

●**朝食は何を食べますか**（複数回答）

シリアルやパン	41.5%
牛乳	47.5%
フルーツジュース・フルーツ	33.1%
その他	25.9%
何も食べない	22.8%

●**就寝は何時ですか**（複数回答）

22時前	45.7%
22～23時	36.7%
23～24時	9.6%
24時以降	5.4%
無回答	2.4%

●**パソコンやスマートフォン、テレビゲームの画面の前に一日何時間座っていますか**

画面を見ない	0.6%
30分以内	4.2%
30分～1時間	18%
1～2時間	25.9%
2時間以上	25.3%
算定不可能	23.4%
無回答	2.4%

●**授業に集中できますか**

集中できる	43.9%
午前中が集中できない	29.5%
午後が集中できない	12.6%
一日中集中できない	10.2%
無回答	3.6%

●**学校の居心地はいいですか**

とても良い	43.3%
どちらかというと良い	45.1%
あまり良くない	7.8%
全然良くない	1.8%
無回答	1.8%

〈いじめについて〉

●**あなたにとっていじめとはどんなことですか**（以下の質問に対して、複数回答）

何度も繰り返し、侮辱すること	58.4%
何度も繰り返し、脅すこと	52.4%
何度も繰り返し、何かを投げつけること	15.6%
生徒や生徒の家族に関するうわさをすること	35.5%
何度も繰り返し、叩く	34.3%
何度も繰り返し、馬鹿にする	34.3%
意地悪なあだ名をつける	21%
何度も繰り返し、事態を悪化させる	11.4%
性的な冗談を言う	36.1%

●入学してから何回いじめの被害者になりましたか

1度もない	74%
1〜2回	12.6%
月に2〜3回	3.6%
1週間に1回	2.4%
週に何度も	4.8%
無回答	2.4%

●同じ学校の生徒に「意地悪な」「傷つけるような」メッセージや電話、画像を携帯電話やコンピュータ（インターネット）を使って、この二か月の間に送ったりしましたか

1度もない	93.9%
月に1〜2度	3.6%
月に何度も	0.6%
週に一度	0%
週に何度も	0%
無回答	1.8%

●もしあなたがいじめを知っていたら、どう思いますか（複数回答）

いじめられている人を思うと悲しくなる	56%
腹が立つ	30.1%
怖い	34.9%
楽しい	6.6%
無関心	13.2%
無回答	4.8%

●いじめられたとき、誰かに助けを求めましたか（複数回答）

大人に	7.2%
友だちに	10.8%
両親に	12%
命の電話	0%
助けを求めない	23.4%

●いじめを目撃したことがありますか

目撃したことはない	68.6%
目撃した、ショックだった	11.4%
目撃したが、ショックを受けなかった	7.2%
無回答	12.6%

●もしあなたがいじめを知っていたら、どうしますか

何もしない	31.9%
やめるように介入すると思う	42.7%
やめるように介入した	16.8%
無回答	8.4%

注：▒印は、増田が気になった回答である。

緊急の電話番号、知っていますか？

学生「三人の男の子の話をします。学校の近くで三人がサッカーをしていたら、民家から煙が出ていました。どうしたらいいですか？」

男子「一一八番に電話します。消防署です」

学生「サッカーを続けていたら、足をくじいてしまいました。どうしますか？」

男子「そのまま放っておきます」

女子「そんなのダメよ！　一五番に電話して、救急車に来てもらいます」

学生「そうだね。じゃ、次の質問。三人がサッカーをしているのを、遠くから見ていた男の子がいました。仮にアレックスという名前だとしましょう。アレックスは太っているのがコンプレックスで、なかなかみんなの中に入っていけません。一人で帰ってフェイスブックを見たら「デブ！」と中傷するような書き込みがありました。アレックスはどうしたらいいでしょう？」

女子「友だちに電話したらいいわ」

学生「友だちがいないとしたら、どうしたらいい？」

男子「家族に話すとか。カウンセラーとか先生でもいいんじゃないの？」

男子「痩せればいじめられないぜ」
女子「太ってたら話ができないとか、友だちができないなんておかしいんじゃない？」
（女子、小さい声で何か言う）
学生「声が小さかったけど、いいこと言ってくれたよ。もう一度！」
女子「仲間外れにする前に、その人自身を知ることが大事だと思います」
男子「性格悪かったら？　太っているって、病気かもしれないぜ」
男子「誰だって太ることはあるだろう」
学生「最後に質問です。誰でも相談ができる、名乗らなくてもいい電話番号を知ってる？」
女子「一一九番です。保健室に貼ってあります！」
学生「そのとおり！　自分ではなく友だちが困っているときでも、電話して友だちのかわりに相談してもいいんだよ。どんな相談にも専門家の人がちゃんと答えてくれます。ここに一一九番と書かれた小さなカードがあるから、みんな一枚ずつ持って帰って、何かあったときにはこれを見て思い出してください。目に見える傷じゃないかもしれないけれど、心が苦しいのも傷があるのと同じことなんじゃないかな。みんなで話し合って答えを見つけていくのも一つの方法だということがわかったかな？　じゃ、今日の授業の感想を書いて、提出したら終わってください」

授業を終えた学生に話を聞いた。

「アンケートの結果を見ると、この学校でもいじめはあります。でもそれを誰にも相談できなかったり、見ていて怖いと思ったり、いじめを知っていても何もしないという答えが三〇％以上を占めていました。どう大人に話したらいいか、わからないようにも見受けられました。ですから、話し合う機会を設けて、お互いのよい意見を尊重してくれたら、と願っていました。難しかったですが、面白い試みだと思いました」（ヤン・ラバレックさん・男子学生）

「初めてだから、緊張しました！　私たちも、生徒の意見に笑ったり、意外な答えにビックリしたり、とても楽しかったです。「太っているから、デブだといじめられた」という問題に対して「痩せればいいじゃん！」という声が出るとは夢にも思っていませんでした。よい意見を助けていこうという態度が見られたので、それは大きな進歩

だったと思います」（エミリー・ピエトロサンテさん・女子学生）

子どもたちは、この授業をどう受け止めたのだろうか。

「楽しかったよ。みんなとこんなに話をするなんて、あまりないかも。同じクラスの子同士だったからうまくいったけど、そうじゃなかったら殴り合いになったかもね」（男子生徒）

「外から来た先生で、とってもワクワクしました。今日は割とスムーズに決められたけど、普段の話し合いでは、うまくいかないこともある。でも、今日の話し合いをきっかけに、これから少しよい方向に変わるかもしれません」（女子生徒）

保健室にいる看護師の役割は、問題を鎮めること

フランスには、日本の家庭科や保健体育で扱うような、栄養指導やドラッグ・喫煙と健康問題などを教える科目がない。そのため、モノ中学校の場合には年に数回、保健室にいつもいる看護師のパケ先生が特別授業を企画して、子どもたちの心身の健康を考えたプログラムを提供している。日本の中学校同様、保健室は子どもの駆け込み寺のような役割を果たしていて、看護師はＣＰＥと同じく、生徒の様子を最もよく知

る一人である。

「五年前には、SNSのいじめなんてもちろんありませんでした。つい一か月前にも、フェイスブックに悪口を書き込まれた女子中学生が自殺した、というニュースを聞いたばかりです。うちの学校では、わかっているだけで年にまだ二、三件ですが、SNSなら面と向かって言うわけじゃないから、悪口でも何でも言いやすいのでしょう。今日は、みんなで話し合うことと、いじめがあったときに誰に（どこに）相談すればいいか、ということが子どもたちにもハッキリわかったと思います。全体的に良かった。外の人を連れてくると子どもたちも喜びます。「わざわざ自分たちのために来てくれた」というのは嬉しいことなんです」と、パケ先生は言う。

一人の子に集中して悪口を言い続けるとか、変なあだ名をつけて周囲を巻き込んで囃し立てるとか、そういう類《たぐい》のいじめは日常的にあるという。解決方法としては、クラス内で起こることがほとんどなので、学級会を開いて話し合う。ただ、その場合、直接実際の問題を提起するのではなく、いじめの一般論として話を進めることもある。一方、いじめた子がわかっている場合には、その子を呼び出して自分がやっていることは相手の人権を侵害していることだと、その責任について説明をして言ってきかせる。その役割は、パケ先生をはじめ、CPEや担任、校長が担う。もちろん盗みだとか暴力だとか、目に余る犯罪がらみの場合には警察が介入することもある。

「話し合いで解決しなければ、保護者を呼んで話し合い、それでもダメなら罰を与えます。だいたい停学一、二日程度のことが多いです。学校の外でいじめが続いた場合には、警察に通報するように言うこともあります。でもまずは、いじめられていることを誰かに話すこと。できるだけ早く話して、問題が小さなうちに解決することです」

とパケ先生は言う。この日の例にも挙げられていたように、例えば太っているとか、目が（視力が）悪いとか、何でもない些細なことでいじめられる子も多いそうだ。そんな様子が見られる子に「学校は楽しい？」などと話しかけると、突然泣き出すことがあるという。

「私は校長ではないので罰を与えることはできませんが、「私はいつでも話を聞くからね」と子どもたちに常日頃から声をかけ続けています。私の役割は問題を鎮めること。ひとたび問題が起こると、いじめる子、いじめられる子、どちらの保護者にも説明するのがとても難しいですが、心身ともに健全に成長してもらいたい。それだけが私の願いです」

池上彰　「いじめを隠そうとする」日本の学校

フェイスブックなどで悪口を言われたり、集団で嫌がらせをされたりして、飛び降り自殺。フランスでのいじめの実態に関する増田さんのリポートには考えさせられた。

その理由は二つ。一つは、いじめは日本に限ったことではなく、例えばフランスでも起きていることを再認識したこと。二つ目は、移民大国であるフランスが、多様な出自を持つ子どもたちの対応にいかに苦労しているか、ということだ。それでも教育現場は必死になっていじめ防止に取り組んでいる。

いじめ自殺が起きると、テレビ局をはじめメディアの取材攻勢が始まり、生徒たちに勝手にインタビューを始め、現場は大混乱。この点に関して、フランスも日本も大差ない。

ところがその取り組み方については、日本とフランスの間に大きな違いがある。日本は主に「道徳」の観点からアプローチしているのに対して、フランスは「人権」の面から取り組んでいるからだ。

「道徳心」を重視する日本の教育

日本の教育現場での「いじめ対策」の最新の指針は、二〇一三年六月に成立した「いじめ防止対策推進法」である。きっかけは、二〇一一年一〇月に大津市立の中学校で起きたいじめ自殺事件だった。

この法律の第一五条では、「学校におけるいじめの防止」として、次のように書かれている。

第一五条　学校の設置者及びその設置する学校は、児童等の豊かな情操と道徳心を培い、心の通う対人交流の能力の素地を養うことがいじめの防止に資することを踏まえ、全ての教育活動を通じた道徳教育及び体験活動等の充実を図らなければならない。

「豊かな情操と道徳心」が、いじめの防止に役に立つと記されている。そうなると当然のことながら、学校では「道徳」の時間に、「いじめはいけません」と教えることになるだろう。

この取り組みを否定するものではないが、過去のさまざまないじめ事件では、加害者の側に「いじめている」という意識が希薄であることが指摘されている。「面白いから」という遊び感覚で参加しているケースが多いのだ。

こういう場合、「道徳心」に訴えることが、どこまで有効なのだろうか。

過去の日本では「いじめ」をめぐり、四回にわたって社会問題になる事態が起きた。日本のいじめ問題とその対策について、それぞれを「第一の波」、「第二の波」として振り返ってみる。

「いじめ」は一九八〇年代から問題に

最近のいじめ問題のニュースを見ると私は、一九八六年の東京の中野富士見中学校（二〇〇九年三月閉校）の「いじめ自殺事件」を思い出す（この事件については本章冒頭で増田さんも触れている）。二年生の男子生徒がクラスで執拗ないじめを受け、父親の故郷である岩手県・盛岡市の駅ビル地下トイレで首つり自殺した事件だ。「このままじゃ生きジゴクになっちゃうよ」と書かれた遺書が見つかった。

当時の私は、ＮＨＫ社会部で文部省記者クラブに所属していた。衝撃的な事件に、日本の教育界は大揺れに揺れた。これ以降、日本では「いじめ問題」という言葉が生まれ、いじめ対策が始まった。

このいじめ事件では、いじめグループによって「葬式ごっこ」が開かれ、「〇〇君へ　さようなら」（〇〇には実名が入る）と書かれた色紙に級友が寄せ書きをするという嫌がらせが行われた。ここに、担任ら四人の教職員も寄せ書きしていたことが事件後に判明する。

男子生徒が自殺すると、担任教師らは「葬式ごっこ」に教師が加担していたことを生徒たちに口止めしていた。担任教師は学習塾でアルバイトしていたことも判明し、諭旨免職になった。また、校長と四人の教師が減給処分となり、校長と二人の教師が自主退職した。

生徒がいじめられていることに気づかない教師や、見て見ぬふりをする教師。いじめの加害者の生徒と一緒になって「葬式ごっこ」に加担する。自殺が発覚すると、いじめがあったことを否定する。大津市の中学校での様子とそっくりなのだ。あれから三一年。日本の教育界は、何を学んだのだろうか。

相次いだ「いじめ自殺」

中野富士見中学校のいじめ自殺事件が起きたのは一九八六年二月。前年から日本国内ではいじめが原因と見られる自殺が相次ぎ、当時発足していた中曽根内閣の臨時教育審議会は、いじめ対策の緊急提言を発表していた。そのあとに起きたいじめ自殺だった。

こうした事件の報道が難しいのは、自殺を報道することで、少年少女の自殺を誘発してしまう恐れがあるからだ。このときも各地で自殺が相次ぎ、いじめとの因果関係が取り沙汰された。しかし、いじめだけではなく、「いじめを苦に自殺」と報道された様子を見て、「自分も遺書を書いて自殺すれば、いじめた連中に復讐できる」と考えた子がいないとは断定できないのだ。報道が自殺の連鎖を招くとは、こういうことだ。

こうした事件がいったん報道されると、全国の記者たちは、過去には発生しても地方面で小さく扱っただけだったり、そもそも取り上げなかったりしていた子どもたちの自殺を積極的に取り上げ、全国版で大きく扱うようになる。この結果、社会は、いじめ自殺事件が急増したかのように受け止めて問題にする。そのことが別の事件を誘発するという悲劇が繰り返されたのだ。

これが、日本における「いじめ」事件の「第一の波」だった。この後、いじめに関連する事件の数は急減。報道もなくなり、いじめ問題は沈静化する。

「第二の波」がやってきた

第一波が沈静化した後、一九九四年、「第二の波」がやってきた。今度は愛知県だった。

一九九四年一一月、愛知県西尾市立東部中学校二年の男子生徒が、自宅裏の柿の木で首を吊って死んでいるのが見つかった。葬儀のあと、自室の机に「いじめられてお金をとられた」という趣旨の遺書があることがわかった。

西尾市教育委員会による調査の結果、同級生一一人がいじめにかかわっていることが判明し、主犯格の四人が恐喝容疑で警察から検察に書類送検された。四人は自殺した生徒にたびたび暴行を加え、金を要求していたことを認めた。被害者から脅し取った金額は、警察の調べで数十万円だったが、メディアの報道では一一〇万円に上った。中学生には途方もない金額。これを脅し取っていたのだから、まぎれもない犯罪行為だった。いじめの枠を越えた事件の様相に、私たちは大きな衝撃を受けた。この事件の前後にもいじめが関係した疑いのある自殺事件が起きていたことから、この事件は、再び大きな社会問題になる。

翌月、文部省は「いじめ緊急対策会議」を設置し、緊急アピールを発表。この中で文部省は各学校に対し、「いじめがあるのではないかとの問題意識を持って」実態を把握するよう求めた。つまり、「いじめがあるかないか調べる」のではなく、「いじめはあるはずだ」との前提で調べるように要求したのである。今になってみれば当たり前の判断だが、当時としては、画期的な方針転換だった。

「第三の波」

いじめ対策に全校を挙げて取り組む。こうした動きが功を奏したのか、単にマスコミが大きく取り上げなくなっただけなのか因果関係は不明だが、その後しばらくは、いじめが大きな問題にはならなかった。しかし、二〇〇五年と二〇〇六年、再びいじめ自殺がニュースになる。しかも、教育委員会や学校の隠蔽体質が赤裸々になる事件だった。

北海道滝川市の市立小学校に通っていた六年生の女子児童が、いじめを苦に首つり自殺を図った。一命は取りとめたが回復することなく、四か月後に死亡した。

女子児童は遺書を書いていたが、滝川市教育委員会は「いじめはなかった」と結論づけた。遺族が遺書を新聞社に公開し、これが報じられると、教育委員会は一転して遺族に謝罪する。ところがマスコミに対しては、遺書ではなく「手紙」と説明したのである。これらの対応ぶりは強く批判され、滝川市教育委員会の教育長は辞職。教育委員会の幹部職員二人が停職処分になった。校長と教頭、担任教諭も処分を受けた。

さらに二〇〇六年一〇月、福岡県筑前町の町立中学校の二年生男子がいじめを苦にして遺書を書いて首つり自殺した。学校は当初いじめを否定したが、まもなく担任だった男性教師がいじめに加担していたことが判明した。

相次ぐ事件と、教育委員会や学校の隠蔽工作。ひたすら責任逃れをする大人たち。これが日本の教育現場の実態なのかと驚かされる出来事だった。これが「第三の波」である。

文科省、「いじめ」の定義を変更

こうした事件の背景には、学校や教師がいじめを把握できないでいる実態がある。そこで文部科学省はこれらの事件を受け、毎年実施している「いじめに関する調査」(正式には「生徒指導上の諸問題に関する調査」)での「いじめの定義」を二〇〇六（平成一八）年度調査から見直し、いじめを少しでも発見しやすくしようとした。それまでの定義と新しい定義の変化を比べてみよう（文部科学省ホームページより）。

●「これまでの定義」

この調査において、「いじめ」とは、

「①自分より弱い者に対して一方的に、

②身体的・心理的な攻撃を継続的に加え、

③相手が深刻な苦痛を感じているもの。なお、起こった場所は学校の内外を問わない。」

とする。

なお、個々の行為がいじめに当たるか否かの判断を表面的・形式的に行うことなく、いじめられた児童生徒の立場に立って行うこと。

●「新定義」（平成一八年度調査より）

本調査において個々の行為が「いじめ」に当たるか否かの判断は、表面的・形式的に行うことなく、いじめられた児童生徒の立場に立って行うものとする。

「いじめ」とは、

「当該児童生徒が、一定の人間関係のある者から、心理的、物理的な攻撃を受けたことにより、精神的な苦痛を感じているもの。」

とする。

なお、起こった場所は学校の内外を問わない。

それまでの基準では三項目が列挙されていたが、これが削除されている。それまでは、三項目のうち、一つでも条件を満たさなければいじめには該当しないと判断されることがあり、これがいじめの把握を阻害してきたと指摘されていたからである。

「発生件数」から「認知件数」へ

　このときの調査から文部科学省は、集計されたデータの呼び方も変更した。それまで、いじめの件数を「発生件数」として発表していたのを、「認知件数」と呼ぶようになったのである。

　これは、遅きに失した感はあるが、当然の変更であろう。いじめの「発生件数」といえば、まさに「発生」したものがすべて含まれているかのような誤解を与えるが、現場の先生がいじめに気づいていなければ、件数にはカウントされない。事実、いじめ対策が進んでいない都道府県ほど件数が少ないという傾向があった。

　これを「認知件数」とすれば、現場の先生が注意深く見ていれば件数が増えるのは当然、ということになる。件数が多いのは取り組みが進んでいる証拠、という評価もできるようになるだろう。

　例えば二〇一三年七月に公表された「平成二四年度文部科学白書」によれば、大津市でのいじめ自殺事件を受け、いじめに関する文科省の緊急調査で、二〇一二年四月からの半年間で「いじめ」を約一四万四〇〇〇件把握している。これは、二〇一一年度一年間の二倍を超える。つまり四倍の件数だ。

これはもちろん、いじめの件数が増えたのではなく、認知件数が増加したことをさす。大津市の事件を受けて、全国の教育委員会や学校が必死になっていじめ対策を進めた結果だろう。

そして「第四の波」

「第四の波」が襲来したのは、二〇一一年一〇月だった。滋賀県大津市の市立中学校の二年生の男子生徒が、いじめを受けたり財布などを盗まれたりしたあと、自宅マンションから飛び降りて自殺。これが大きな社会問題となり、ついには「いじめ防止対策推進法」の成立につながった。

この事件でも、学校と市の教育委員会の隠蔽体質が明らかになった。生徒の自殺後、学校と教育委員会は、「誰もいじめの事態に気づいていなかった」と釈明したが、実際には生徒が自殺する六日前に、「生徒がいじめられている」との報告を受け、担任らが対応を検討していたことが明らかになる。「気づいていた」となれば、止めることができなかった責任が問われる。責任逃れとしか言いようのない対応だった。

学校側は、事件のあと生徒へのアンケートを実施し、「いじめがあった」との証言を多数得たが、事実関係の調査を行わず、結果の公表もしなかった。

こうした対応が続く中、翌年七月になって教育委員会と学校に対して滋賀県警が強制捜査に乗り出す異例の展開となった。こうした事件の場合、警察は教育委員会や学校から任意で資料の提供を受けるのが通常で、警察の教育委員会への不信感が感じられた。

教育委員会の対応が後手に回り続けることにしびれを切らした大津市長は、事件の真相を調べる第三者委員会を発足させ、独自調査を依頼した。

元裁判官や弁護士、大学教授など五人の委員は独自調査の結果、二〇一三年一月になって、自殺の直接の原因は同級生らによるいじめであるとの結論を公表した。

事件が起きると、真相を隠蔽する。全国各地の教育委員会や学校で同じことが繰り返されると、問題はその教育委員会や学校だけではなく、全国に共通する体質ではないかと思わされる。

日本の教育現場は、これほどまでに官僚的で、自分を守ることしか考えないのであろうか。絶望的な気分になってしまう。

いじめは増えているのか

では、いじめは増えているのだろうか。文部科学省が二〇一七年一〇月に発表した二〇一六年度のいじめ（小中高校など）件数は三二万三八〇八件で、前年度より九万八六七六件増加した。これは過去最多だが、「けんか」や「ふざけ合い」もいじめと捉えるように方針を改めたもので、過去とは単純に比較できない。そこで国立教育政策研究所が二〇一三年七月に発表した「いじめ追跡調査」をもとに考えてみよう。

二〇〇四年から二〇一二年までの調査によると、典型的ないじめ行為である「仲間はずれ・無視・陰口」をされたことのある小学校男子は平均四五・〇%で、プラスマイナス七ポイントの範囲内で推移している。小学校女子は平均五一・五%で、プラスマイナス九ポイントだ。

二人に一人はいじめを受けた経験があるという数字は衝撃的だが、特に急増や急減はしていない。

ちなみに、中学校男子は平均三一・八%で増減幅は九ポイント、中学校女子は平均三九・九%で増減幅一〇ポイントだ。

これについて報告書は、「いじめは常に起こっているものであり、「流行」とか「ピーク」という感じ方や考え方は誤りであることが分かります」と指摘している。そして次の指摘は重要だ。

「いじめの社会問題化というのは、いじめ件数の増減とは関係なく、いじめ自殺事案に対する学校や教育委員会の対応姿勢を問題視する世論によってもたらされるもの、と考えることができるでしょう。大切なことは、社会問題化の有無にとらわれず、常にいじめに対して適切に取り組み続けていく姿勢であると言えます」

さらに二〇一二年のいじめの社会問題化の際は、「暴力を伴ういじめ」が大きく報道されたが、これについても、こう書いている。

「結論から言えば、大きく増えているといった実態は確認できません。(中略)むしろ二〇〇七～二〇〇九年よりも最近の一～二年のほうが低い値を示しています。(中略)要するに、「暴力を伴ういじめ」が急増あるいは急減といった事実は見られません。マスコミ報道の多くがひどい暴力を伴う事案を中心に報道していたのは、そうしたいじめが多かったということではなく、そうしたいじめが「目に見えやすい」ことと、ニュースバリューが高いと判断したからではないかと考えられます」

私たちはマスコミ報道でイメージを形成するが、大事なのはデータ、学術的な表現でいえば、エビデンス（証拠）が大切なのだ。いじめは急に増えたのではない。前からずっと起きていることで、学校や教育委員会が気づいたかどうか、なのだ。思い込みによる「対策」ではなく、実態に即した対策が求められている。

こうしたいじめが大きな社会問題になるたびに、「日本は陰湿ないじめ大国」というイメージを持つ人が多いのではないだろうか。しかし、実態は異なる。フランスでのいじめ自殺の例のリポートがあったように、ヨーロッパでもいじめは深刻なのである。

イギリスでも「ネットいじめ」深刻

二〇一三年八月、イギリス中部で一四歳の少女が、インターネットの交流サイト（SNS）でのいじめを苦に自殺した（毎日新聞八月一七日夕刊）。このサイトはイギリス国外のラトビアを拠点としたSNSで、利用者同士が匿名で交流できるというもの。このサイトの利用者のうち、書き込みを苦に、すでに三人が自殺しているという。

これにはイギリスのキャメロン首相も反応。このサイトを利用しないように呼びかけた。

陰湿ないじめは、日本だけのものではない。世界各国が対策に苦慮しているのだ。それだけに、各国の取り組みから得るところは大きいはずだ。その一つが、増田リポートのフランスだ。

アメリカ、各州に「反いじめ法」

では、大国アメリカはどうなのか。アメリカでもいじめは深刻だ。アメリカのいじめというと、暴力的なイメージを持つ人もいると思うが、最近は「ネットいじめ」も深刻になっているという。いずこも同じなのだ。いじめが深刻化するのに合わせて、「いじめ対策法」を制定する州も増え、現在では全米五〇州のうちモンタナ州を除く四九州が法整備しているという（読売新聞二〇一二年九月一七日朝刊）。そのモンタナ州も、州法はないものの、州政府がいじめ対策の方針を定めているという（井樋三枝子「アメリカの州におけるいじめ対策法制定の動向」国立国会図書館調査及び立法考査局『外国の立法』二〇一二年六月号）。

アメリカの教育政策は、連邦政府ではなく各州が独自に定めることになっているので、各州の取り組みが進んでいる。アメリカでも二〇〇〇年以降はいじめを苦にして自殺する子どもが目立ち、遺族が州議会に働きかけて、対策法を制定する動きが進んでいるという（同書）。まるで最近の日本ではないか。

大人の見守りの大切さ

いじめを根絶することは不可能だ。人間社会では、どこでも起きうることである。それでも大人の場合は、それなりに抑制することは可能だし、自分の行動がいじめであるかないかは自覚しやすい。

しかし、子どもたちには多くの場合、いじめをしている自覚がない。まずは子どもたちに対して、「それは、いじめだ」と大人たちが教えることが必要だ。そのためには、大人の目が届かなければならない。

増田リポートによれば、フランスには生徒の生活指導専門官（ＣＰＥ）がいるだけでなく、パートタイムで働く地域の主婦や学生がいるという。大人の目がいじめを見つけることで、大人の存在が、子どもたちの支えになっているのだろう。子どもの方からいじめの存在を教えてくれることがあるそうなのだから。

「人権教育」の大切さ

いじめであることを、子どもたちにどう認識させればいいのか。フランスでは、子どもに「人権」を教えることだという。さすがフランス革命を起こした人権大国だけのことはある。

人権とは、自分の権利であるとともに、他人の権利でもある。人が人として尊重され、人らしく生きる権利だ。それは、あなたにもあるけれど、相手にもある。あなたが「嫌だ」と思うことは、されたくないだろう。それは、相手も同じこと。相手が嫌だと思うことをするのは、人権侵害になる。いじめとは、相手の人権を侵害することなのだ。

増田リポートには、パリ一八区警察署の警察官が、こう話したとある。「いじめている本人ですら、悪いことをしている自覚がなかったりする。相手を傷つける行為はいけないこと。相手がイヤだと思う行為である以上、それはいじめです」。

日頃から「自分の人権も、他人の人権も大切に」と教え、大人の目でいじめを早期発見する。あるいは大人が存在感を示すことによって、いじめの相談を受ける。「相手が嫌だと思えば、それはいじめになる」と繰り返し伝えること。これこそがいじめ対策の基本なのだろう。

精神論でなく、現場の充実を

フランスでは、新自由主義を推し進めたサルコジ政権から社会党のオランド政権に代わり、特に教育を重視するようになった。

サルコジ政権時代は緊縮財政を推し進め、教員の数が一万二〇〇〇人減らされた。教師が定年退職する際、二人退職したら一人を新規採用するという方式で人減らしをしたという。

それが一転、オランド政権では、教員を五万人増やすことになった。もちろん財政事情があるので一気に進めるのは困難だろうが、国の将来を考えたら、教育を重視するのは当然のことだ。

教員の数が増えれば、学力面でもいじめ対策でも、これまでよりは良い効果が期待できる。

日本の教育においては、いじめ対策にしても学力向上への取り組みにしても、現場の教員の頑張りに期待する、という内容が多すぎる。きちんとした教員の数を確保することや、カウンセラーを配置することをおろそかにしておいて、「みんな頑張れ」では精神論だ。

世界中どこの国の教育現場も大変だ。「理想の国」があるわけではないし、日本ばかりがおかしいのではない。それぞれの状況を冷静に見定めること。フランスの現場の取り組みも大いに参考になるだろう。

コラム●フィンランドのいじめ防止プログラム

フィンランドでは「キヴァ・コウル」（よい学校という意味）といういじめ防止プログラムを国のプロジェクトとして導入しました。フィンランドのトゥルク大学の研究チームが国家予算をもとに、二〇〇六年から準備を始め、最終的に二〇一一年まで実施され、引き続き実践している学校もあります。年齢に合わせて一年生、四年生、七年生（中学一年生）向けの三種類の教材と指導の手引きがあり、どの学年のものでも基本的な考え方は同じです。

このプログラムは、二〇一一年にプロジェクトが一段落した段階でライセンスがトゥルク大学のものとなり、同大学はこのプログラムを海外に輸出する、ということを始めました。オランダで七〇校、イギリスのウェールズで二〇校、アメリカではクラス単位で六〇クラスが、このプログラムを取り入れて実践しています。（二〇一三年現在）

次章の「フクシマの事故からエネルギー問題をどう考える」で紹介する、ソトゥンギ高校と同じ建物にある中学校での実践例です。キヴァ・コウル担当のユッシ・ハマライネン先生に伺いました。

三年前の二〇一〇年から取り組みを始めました。中学校なので七年生向けのプログラムを活用しようと思いましたが、うちの学校の生徒の方が大人びているので、使いやすいように応用しています。教材の中にはアンケートや実習内容について活用できるプリントがたくさんあるので、それを主に使っています。

うちの学校でまず始めたのは「投票箱」（ポスト）を作ることでした。

毎年、八月の終わりに始まる新学期に、新入生の七年生のためにガイダンスを開きます。場所は体育館。ガイダンスを進行するのは、「サポート・ステューデント」を務める先輩たち。そのサポート・ステューデントたちが、学校で楽しく暮らすにはどうしたらいいか、こういうことはいじめではないか、といったことを演技で表現します。そのあと、その場にいた一〇〇人ほどの生徒たちが入り乱れてグループをつくっていきます。「いじめられた体験がある」、「いじめを見たことがある」、「かばってもらったことがある」というようなグループ分けです。グループごとにいじめについて話し合い、その後、全員の話し合いに発展していくのですが、毎年同じような結果です。大半の子たちが「いじめはよくない。でも見ていても何もできない。何かしたいけど、行動できない」と言います。

そこで、投書箱の登場です。このポストには無記名でコメントを書いた紙を入れることできます。行動できなかった子でも、行動ができるようにしたのです。最初の年に投書されたいじめ問題は、一〇件ぐらいだったと思います。

キヴァ・コウルの活動では、「キヴァ・チーム」をつくって問題解決に当たります。チームのメンバーは、教員と生徒の代表からなり、次に挙げるようなプロセスごとの教材プリントを活用しながら、いじめ解決の道を探っていきます。当事者の子どもと面談するのは教師の役割。生徒の役割は主に、いじめ防止のための啓発活動を行う役割です。

◎プロセス1――問題の概要を把握する

・キヴァ・チームの中から、そのいじめ事件の担当教師を決める（二人の場合が多い）

・いじめに参加している子の名前を、担当教師が教材プリントに記入する

・いつからいじめがあるのか、誰がいじめられて（いじめて）いるのか、いつ頃から、何回ぐらいあったのかなどについて、周辺の生徒や教師へ聞き取り調査を

「キヴァ・コウル」の教材。年齢にあわせて３種類ある

する

　客観的に問題をとらえるために、該当する子どもと親しすぎない教師が担当することがポイント。

◎プロセス2――被害者と話をして、診断書を書く

　プリントを活用して、いじめられた子と面談をし、いじめの内容について聞き取りをする。暴力の度合い（叩かれたのか、殴られたのか、など）、使われた言葉、仲間外れなどの行動に関して記録する。ここでは、プリントにあらかじめ準備されているいくつかの質問がいらない場合もあれば、プリントにある項目以上に詳細な記録が必要になる場合もあり、ケース・バイ・ケースだ。診断書を書き終えたら、いじめられた本人に内容を確認してもらい、署名してもらう。これは主観的な内容でもあるので、一〇〇％真実ではないかもしれない。

◎プロセス3――加害者と話す

　これがなかなか難しい。一人ずつピックアップするのか、グループなのか、クラス全体なのか。これもケース・バイ・ケースで、担当の先生が方法を考える。

　キヴァ・チームの先生が加害者の子と話すときには、最初に「キヴァの担当で

す」と自己紹介をすること。呼び出されて本人が、なぜ呼ばれたかわからないことがあるからだ（その方が多い）。まず、子どもの気持ちを話させることから始めるが、自分が他人をいじめていた意識がまったくない子もいるし、別のケースを話し始めて問題が見つかることもある。

「あなたと被害者（いじめられた子）との間にはこういうことがあったと聞いている。相手はどうしてそう思ったのかな？」という問いかけから始めて、「いい学校とは」、「いじめとは」ということを本人に考えさせる。本人に相手をいじめた自覚のあるなしにかかわらず被害者が出てしまったことに変わりはないので、言葉の暴力だった場合には「もう言わない」、相手が怖がっていたり、何となくイラつくと感じるから言葉や態度でいじめるという場合には「被害者に近づかない」という約束をプリントに書かせ、署名をさせる。

◎プロセス4――あやまる

双方から事情聴取が済んだら、一週間のうちに加害者の子が被害者に会いあやまる。

あやまらなかったり、約束が守られなかったりする場合には、最初からプロセスをやり直す。

それでもいじめが止まない場合には保護者を呼ぶことになりますが、そこまでのケースはこれまでにありません。ただ、一週間では済まず、一か月かかることもあります。

保護者と学校とは、パソコンシステムでつながっているので、保護者にもこの取り組みの理解やサポートを求めています。いじめ予防のための生徒たちの活動の効果もあって、最初は一〇件だった投書が、二年目は七件、三年目は三件と減ってきています。活動としてうまくいっていると思いますし、学校の環境も過去に比べて良くなっていると感じます。

子どもですから、言動が軽はずみな子もいますし、コミュニケーションがうまくとれない子もいます。とにかく子どもたちが話せる環境をつくり、いい学校にするためにはどうしたらいいかを常にみんなで考える。いじめを予防するには、その繰り返しに尽きるのではないでしょうか。

第2章

世界のリスクの学び方

フィンランドの「正解」のない授業

ヘルシンキ郊外の総合学校の読書とパソコンのコーナー。休み時間も利用できる。

増田ユリヤ　「信頼」に基づいて邁進するフィンランドの教育

二〇一一年三月一一日に起きた東日本大震災による東京電力福島第一原子力発電所（以下、フクシマ）の事故。世界を震撼させたこの事故後も、原子力発電の継続と新たな原子力発電所（以下、原発）の建設推進を確認した北欧の国フィンランド。その背景には、国や電力会社に対する国民の「信頼」と「合意」、そしてお互いの「責任」があるという。

今なお続くフクシマ事故後の被害に対して国や東京電力に任せたいと思っても、どうしても「疑念」を払拭できないでいる、というのが多くの日本人にとって正直なところではないだろうか。原発の是非を問う前段階の課題として、国と国民が「信頼」し合い、お互いに「合意」し、「責任」をもって国の問題に取り組んでいくには、いったいどうしたらいいのか。どうしたら、そのような考え方を国民一人ひとりができるようになるのか。フィンランドの原発事情と教育現場の実践から考えていく。

安全性の確保と情報公開

フィンランドで原発についての検討・計画と導入が始まったのは、一九六〇年代のことだ。現在稼働中の原発は四基。五基目も建設中で、さらに二基の増設も決まっている。八六年に隣国(旧)ソ連のウクライナ共和国でチェルノブイリ原子力発電所の事故が起きた直後は、国民の心情を慮って、政府は一時的に原発について取り上げない時期もあった。しかし、フィンランドという国の歴史的経緯、経済的側面、自然環境条件とその保護などを考え、九〇年代に入ってから国会で再検討が行われるようになった。もちろん、検討を再開した当初は、原発にエネルギー供給を頼ることに反対意見も多かった。しかし、国の危機管理という観点から考えたときに一番いい方法は、近隣諸国からの輸入に頼るのではなく、自国で使うエネルギーは自国で供給することだ、という結論に達した。以後、国民合意のもとに原発導入を推進してきたという。

フクシマの事故後もその基本方針が変わらないのはなぜか。フィンランド経済産業省原子力エネルギー・グループリーダーで、産業カウンセラーのヘリッコ・プリット氏に現地で伺った。

「フィンランドは隣国ロシアに占領されてきた歴史があります。そのため、エネルギーの大半をロシアからの輸入に頼っている現状を何とか克服して独立を確固たるものにしたい。また、二一世紀を迎えて以降は、自然環境の保護という観点も重要な要素になってきました。地球温暖化の問題を考えると、二酸化炭素を排出する火力発電は減らしたい。では水力発電はどうかというと、森と湖の国と言われるフィンランドですが、地形に高低差がないため水力発電に頼るのは不可能です。結局、現時点では、二酸化炭素を排出しない原子力が、自然環境を大切に考えるわが国にとって最良の選択肢ということになります。もちろん、そのための安全確保と住民に対する情報公開は徹底して行っていて、国民の合意を得た上で選択した結果です」

フィンランドは、森林・パルプ産業、鉄鋼業などを基幹産業とする工業国である。エネルギーが必要なものが多く、産業界だけでその半分を消費しているという。国際競争力を考えても、エネルギー価格の高騰は避けたいし、安定した供給が欠かせない。

とはいえ、当然、フクシマの事故後には、事故原因の調査報告の内容をフィンランドでも検討したという。

「大地震による津波の被害。町が車が、家が人々が、次々と大津波に飲み込まれていく映像を、私たちも、世界中の人たちも見ています。想像できないほどの自然の脅威を、日本の東北から、フクシマから全世界が学んだのです。原発を稼働するにあたって安全性の確保がいかに大切なことか、ということも。ただ、フクシマの場合には施設自体が古く、事故が起こってから改善を考えるような状況でした。そこがわが国とは違います。フィンランドではたとえメルトダウンが起こったとしても放射性物質が外部に漏れ出さないような安全確保を何重にもし、その技術を常に更新して、住民に情報公開をしています。もちろん原発に反対する人は常に一定数存在しますが、五〇対一ぐらいの割合で大多数の人が原発を継続していくことに合意しているのです」という。実は、プリット氏自身が三年前までは、現在建設中の原子力発電所の現場責任者を務めていた。現場の経験者を政府のエネルギー問題の要職に配置するという采配にも感心させられたが、現場を熟知しているからこそプリット氏は「原発の安全性に対する信頼には自信をもっている」と堂々と発言できるし、国民も政府に対して「信頼」を置くことができるのであろう。

国は原発の推進・支援をしていない

ここまでの話だけ聞くと、原発を推進しているのは「国」のように思える。しかしフィンランドは、国自体が原発を推進・支援しているわけではない。

フィンランドのエネルギー確保のポイントは、次のとおりだ。

①自国で使うエネルギーは、できるだけ自国で確保したい
②エネルギーを確保するための予算は国が組む
③エネルギーを確保する方法は、フィンランド国内にある三つの「電力会社」が考えて選び、国会はそのプランの審議をして承認する

つまり、電力会社が検討した結果、主なエネルギーの供給は「原発」を選択することが現時点では最良の方法と考えた。そこで原発によるエネルギー需給のプランを作成し、それを国会で審議・承認した結果、原発が推進されている、ということなのだ。電力会社三社は民間企業である。民間企業が原発を運営しているからこそ、政府はそれに対して独立した立場で見解を出すことができるという。

原発推進の計画と説明に関しては、STUK（フィンランド放射線・原子力安全局）というチェック機関がある。政府から完全に独立した機関で、三五〇人余りの局員の

うち二〇〇人が原子力や放射線に関する大学の学位を持つ、という専門家集団だ。ＳＴＵＫのチェック機能はポリス（警察）よりも厳しいとされ、国民のポリスへの信頼性が七〇％だとしたら、ＳＴＵＫに対する信頼性は八〇％はあるという。

危機管理の方法としては、

①全国二五〇か所余りに空気中の放射線量を測定するモニタリング装置を設置し、随時測定する

②原発で事故が発生したら、ただちにＳＴＵＫの専門家に通達。二時間以内に緊急対策部隊を発足させ、三シフト制で二四時間活動できる体制を整える

③政府やメディアに対しては、緊急対策部隊の管理部から情報を発信する

というシステムになっている。

事故が起きた場合には、専門家が一五分で事態を把握し、対策を練って二時間以内に活動に移る。最悪の場合にどのような状況になるかを判断するのだという。そしてリアルタイムの気象情報の分析と、放射性物質の拡散の推測をした上で、政府や原発の現場にいる人たちに結論と勧告を作成して知らせる。具体的には、どんな対策をとって、どう避難すべきか、ということだ。あくまでも「勧告」というアドバイスなので

法的権限はないが、実際に政府はこの勧告に従って行動している。こうしたシステムが政府に対する「信頼」の背景にあるのだ。

もちろん、原発を運営している電力会社にも安全確保の責任がある。電力会社は自ら他国の原発の状況などを調べてリポートを作成し、ＳＴＵＫにそのリポート審査を依頼する。その審査結果をもとにして、国内にある原発の各施設の改善が必要かどうかを検討し、常に設備のメンテナンスと更新を行っている。全体の調査は一〇年ごとに行うが、それ以外にも毎年さまざまな角度からチェックを行っている。フクシマの事故直後には、ＳＴＵＫが各施設に質問を投げかけて、安全性の確認を行った。こうしたチェックによって各原発の施設や設備の機能がますます改善され、リニューアルされることによってさらに安全性が高まり、お互いの信頼もより強固なものとなっていくのである。

「核のゴミ最終処分場」を世界で初めて実現へ

原発に頼る国すべてが直面している問題。それが、使用済み核燃料＝「核のゴミ」をどう処理するのかという問題だ。日本はもとより、使用済み核燃料の処理と核廃棄物の最終処分場選定については世界中が頭を抱えていて、どの国も問題の先送りをしている状態だ。

そんな中、フィンランドは原発を導入するという話し合いが始まったときから、この「核のゴミ」問題について考えてきた。最終処分場についての具体的な話し合いがスタートしたのは一九八〇年代から。政治的な合意は得ていたので、技術的な問題についての検討を始めた。そしていよいよ、世界で初めての「核のゴミ最終処分場」を自国の中に確保しようとしている（スウェーデンも場所は確保）。詳しくは、この後の池上の解説を参照されたい。

法律の整備と再生可能エネルギーの開発

フィンランドは一九九五年にEUに加盟した。メンバーになると、EU内での統一したルールに則って物事を進めなければならない場面が出てくる。そのために国の法律を改正する必要も出てくるが、フィンランドではそれを見越して「核のゴミ」を自国から持ち出すことも、他国から持ち込むことも禁止するという法律をつくった。これは、例えば現在はロシアをはじめ他国から電力を買っているが、たとえその電力が原発によるものだとしても、他国の原発から出た「核のゴミ」をフィンランドに持ち込むことはできない、ということを意味する。これを実践していく上でも、最終処分場を作り、電力は自国内でまかなう方向にシフトしていきたいと考えるのは、フィンランドの人にとって当然のことである。

現状では、フィンランドで電力生産量が一番多いのは原子力（二八％・二〇一〇年）だが、原子力だけに頼っていこうと考えているわけではない。ＥＵでは、再生可能エネルギーの比率をＥＵ全体で二〇二〇年までに二〇％に引き上げるという目標を立てている。フィンランドだけを見れば、三八％というＥＵ基準以上の目標を掲げている。つまり、国としても原子力から再生可能エネルギーに電力の供給をシフトしていきたいと考えていて、国民もその方向性を支持しているという。具体的には、風力、太陽光、地熱などのほか、波力発電にも取り組もうとポルトガルの海で実験と研究を始めている。また、森林・パルプ業が盛んな国なので、製材所の削り屑やおが屑をバイオマスエネルギーの原材料として利用を拡大していく政策も掲げている。

現実を見据えながら、起こりうる問題が解決できると判断してから実行に移す。しかし、現状がベストなものでなければ、さらによりよい方法を模索していく。一見当たり前のようなことに見えるこうした姿勢を、きちんと貫いている国が世界にどれだけあるだろうか。

キーワードは「信頼」

自国の問題を国民が自分たちの問題としてとらえ、政府も国民もお互いの「信頼」をもとに、納得と合意の上で問題解決に向かって進んでいく。当たり前かつシンプルなことのように思えるが、それがうまく機能していない日本を振り返ってみたときに、どうしたらそうできるのか、という素朴な疑問が私の中に浮かんだ。その疑問に対する一つの答えが、フィンランドの「教育」の中にある。

ＯＥＣＤによる国際学力調査（ＰＩＳＡ）で常にトップクラスの成績をおさめていることで注目を集めてきたフィンランドだが、教育の現場でもキーワードは「信頼」だという。いったい、どういうことなのだろうか。

校舎の設計に教師も生徒も参加する

ヘルシンキの西隣、エスポー市にあるサウナラハティ小学校を訪ねた。二〇一二年夏に新築移転したばかりだという校舎は、「これが学校なの？」と思うほど、モダンで機能的なデザインだ。地下一階地上二階建ての校舎は、鳥が大きく翼を広げたような形で、木とガラスがふんだんに使われている。通りに面した教室は美術や家庭科の実習室で、すべてガラス張り。道行く人たちに子どもたちの様子を見て楽しんでもらえるようになっている。玄関を入るとすぐ左手が図書室だ。子どもが学校にいる時間帯は、廊下との間が可動式の透明な間仕切りで仕切られているが、放課後になると地域の人たちにも開放されるため、間仕切りが外されてオープンなスペースになる。廊下の途中には、壁を掘り込んだような小さな空間があって、子どもが自由に出入りして過ごせるようになっている。「初めて新しい校舎に足を踏み入れたときには「王宮」に来たかと思ったわ！　これまでの校舎は、バラックというとオーバーかもしれませんが、住宅街の中にあって木造平屋の小さな古い建物だったのでね」と、迎えてくれたハンナ・サラコルピ校長（五〇歳）が満面の笑みで話し始めた。

「新しい校舎に移転することが決まってからは、私たち教員も教育者の立場で図面を引くところから参加して、意見を取り入れてもらいました」

教室のつくりはもちろんのこと、校舎に使っている部材に関しても、環境に配慮したものを徹底的に厳選したという。基礎の骨組みには一〇〇年の耐久性がある特殊な素材を用い、天井や壁などの内装には、本物の木や木屑を圧縮してリサイクルしたパネルなどがふんだんに使われている。学校で使う電力に関しても、試験的に地熱や太陽光を利用できるシステムを取り入れた。「自然に優しいマテリアルにこだわりました。小さなことですが、トイレに設置する手拭きのタオルを紙にするか布にするか、そんなことにもスタッフで議論を重ねました。最終的には、ロール式になった布の手拭きを採用しました」とハンナ校長。

新しい学校づくりに参加できるのは、教員ばかりではない。子どもたちにもどんな教室がいいか、学校には何があったらいいと思うか、意見を聞いて取り入れている。子どもの意見で多いのは、校庭にはこんな遊具が欲しいとか、教室の中にも遊ぶスペースがあったらいいとか、ソファやマットを置いてほしいとか、そんな声だ。前述の廊下にあった小さな空間も「隠れ家のような場所が欲しい」という子どもの意見を取り入れたものだ。一〇〇％とはいかないが、子どもたちの要望も実現している。「自分たちも学校づくりに参加しているんだ、意見を言うと採用してもらえるんだ、と子どもが実感することに意義があるんです」とハンナ校長は言う。

居心地のよい環境づくり

「もう一つ、私たちの学校が誇れること。それは環境教育に力を入れている学校に与えられる「グリーンフラッグ」の称号を持っていることです」

六年目になるという「グリーンフラッグ」とは、エコスクール・プロジェクトとして、ヨーロッパ、アフリカ、南アメリカなどでも行われている活動である。フィンランドでは、フィンランド環境教育支援協会が窓口となり、活動の認定と支援を担当している。ここサウナラハティ小学校では五人の教師と各クラスの代表一人がチームを組んでリーダーシップをとり、ゴミの分別やエネルギーなど日常生活の中の環境問題を考え、よりよい環境づくりを目指している。毎日の給食の後片付けや掃除、残菜の分別、リサイクルセンターの訪問や、森の中で自然を守る体験学習を実践するなど、活動自体は特別なことではない。あくまで生活に根差したものだ。ゴミの分別やリサイクル、省エネなど、日本の学校や家庭でも環境教育の実践は定着してきている。フィンランドの環境教育との間に違いはあるのだろうか。

三年生の「自然と環境」という授業を見せてもらった。教室には二四人の子どもたち。部屋の隅には赤いソファとマットが敷いてある。教科書の単元のタイトルは「世界で一番ステキなところ」。このステキな場所とはどこか。実は「自分のおうち」のことを指している。

一つ目のトピックには「約束を守ろう」とある。内容を見てみよう。

「一緒に暮らす家族にはルールがあるから、遊びに行く前には宿題を済ませ、親に行き先をきちんと伝えてから出かけよう」

「友だちの家に遊びに行くときには、時間を守ろう。もし遅れたときには理由をきちんと話そう。友だちが遅刻したときには、理由をきちんと聞こう」

「学校からまっすぐ帰らない日は、親にきちんと言わなければいけない。電話で連絡をしよう」

二つ目のトピックは、「物事は相談しながら決めよう」。この日の授業はここから始まった。担任のミンナ・ウェリン先生が子どもたちに話しかける。

ミンナ先生「心配なこと、恥ずかしいこと、がっかりしたことがあったら、常に大人に話して解決しよう、と教科書に書いてあります。どんな人に話したらいいですか？」

子どもたちの手が一斉に挙がった。

女子「家では、お父さんやお母さんに話します」
ミンナ先生「学校ではどうですか？」
男子「先生とか、保健師さんとか……」
ミンナ先生「そうですね、学校にはカウンセラーもいますね。そういう人たちに話して、困ったことがあったら助けてもらうといいですね」
男子「でも、お父さんやお母さんに話すと、ケンカになってしまうよ」
ミンナ先生「家族で意見が合わないというのは、普通のこと。家族でなくても、意見は違っていいんですよ。ただ、批判的になって、相手をたたきのめすようなことを言うのは良くないことですよ」
三つ目のトピックは、「家族以外にも、いつも助けてくれる人がいることを覚えておこう」。
ミンナ先生「家族以外の人に助けてもらわなければならないことはありますか？」
男子「近所の子でお父さんもお母さんも、お兄さんまでアルコール中毒で、自分と弟が放っておかれて怒っている子がいるよ」
ミンナ先生「みんなは、どうしたらいいと思う？」

女子「ほかの大人に話して助けてもらわなきゃダメだと思う」
ミンナ先生「そうね、大人に話をしないといけないね」
女子「子どもが相談できる電話とかってあるんでしょ?」
ミンナ先生「よく知っているね。そうしたところに電話してももちろんいいのよ」
男子「どうしてそうなってしまうのかな?」
ミンナ先生「家族がお互いに信頼できていないいんだね。悲しいことだね」
こうしたやりとりのあと、子どもたちはワークブックの課題に取り組んでいた。そこには、自分の家族のルール、守りにくい約束、どんなことで家族はお互いに助け合っているか、といった質問が並んでいた。ミンナ先生は、単元全体の内容をまとめるキーワードとして"luottamus"(フィンランド語)という言葉を何度も使っていた。英語で言えば"trust"=「信頼」である。
これも、環境に関する授業なのだろうか。
「自然環境も学校の環境も、家庭環境もすべて、子どもたちにとって居心地のいい場所であることが大切です。居心地がいい環境にいることで、人は初めて心を開くことができます。それをとことん追求していくことから、自分たちの社会、国、世界が同じように心地よい環境であるためにはどうしたらいいか、ということを話し合い、考えられるようになっていくのです。そこには「お互いの信頼」が不可欠です」とミンナ先生は言う。

グリーンフラッグ会議の活動

毎月一回、月曜日のお昼休みに開かれるグリーンフラッグチームの会議を見せてもらった。参加したのは、一～三年生各クラスの代表一〇人と担当の先生が二人。会議は先生たちがいつも使っている会議室で、大人と同じ環境で行っている。会議の内容は「エネルギーを無駄遣いしないためにはどうしたらいいか」、「お友だちも自分も、ちゃんとゴミの分別ができているか」ということもあれば、「クリスマスプレゼントは、どういう買い方をしたらいいか」ということもある。自分のことだけでなく、友だちのことも考えながら話し合うことによって、小さな子どもにも「責任」をもたせるねらいがあるそうだ。この日の議題は、三日後にひかえた「お友だちの日」をどう過ごしたらいいか、ということだった。フィンランドでは二月一四日のバレンタインデーは、子どもにとってはお友だちと仲良く過ごす日でもある。

先生「みんなにとって、お友だちって誰ですか？」
一年女子「人間だけ？」
二年男子「動物だってそうだよ」
三年女子「赤ちゃんでもおじいさんでも、友だちは友だちだよ」
先生「みんなは、〈お友だちの日〉をどうやって過ごすの？」
一年女子「いつもさびしがっていた子の家に突然遊びに行ったら、すごく喜んでくれたよ」
先生「それはよかったね」
二年女子「おばあちゃんのお誕生日でレストランに行ったら、おばあちゃんのお友だちがたくさん来ていて一緒にお祝いしてくれたの。私も楽しかったわ」
先生「いくつになってもお友だちって大切だね。どんな風に〈お友だちの日〉を過ごしたらいいか、クラスに戻ってみんなで話してね。その結果をメールで送ってくれたら、校内放送で紹介します」
校内放送は、主に映像によるものだ。教室だけでなく、廊下のあちこちにテレビ画面があって、そこで学校にいる人たち皆が、連絡事項や情報を共有できるようになっている。子どもたちの活動を動画で流したり、意見をまとめて発表する場としても活用している。

話し合いの結果を報告し合い、さらにみんなで考えを深める。この繰り返しが自分の発言に責任をもち、他人を理解し、お互いの信頼を育むことにもつながっていくのだろう。

ちなみに、ここサウナラハティ小学校の新校舎には、保育所、中学校、地域の図書館、ユースセンター（児童館）が同居している。会議には、こうした他の学校や施設の関係者にも参加してもらって、一つの建物で一緒に暮らす快適さについてさまざまな角度から意見を出し合い、話し合うこともあるそうだ。

小学校は、新校舎一年目の今年は一〜三年生が在籍。三年生は単独でクラス編成しているが、一・二年生は一緒のクラスで学ぶ複式学級の形をとっている。複式学級は旧校舎にいるときからのスタイルで、当時は校舎が小さく人数も少なかったため、二年生までしか受け入れていなかった。子どもたちは三年生になると地域の他の小学校に転入していたのである。新しい校舎では中学校までの教室が確保されているので、九年生まで転校することなく、ずっと同じ学校で学べることになった。教室が増えても、子どもの教育効果の観点から（お互いに教え合う）、一・二年生の複式学級の形はそのまま継続するとハンナ校長は言っている。

途上国の子どもの活動をお手伝いしよう！

ハンナ校長がもう一つ子どもたちの活動として取り入れているのが、途上国の子どもの支援に、子どもたち自らが参加することだ。具体的には、国連公認の国際ＮＧＯ“Plan”が行っている活動の資金援助をしている。

Plan の活動の大きな目的は「子どもたちとともに進める地域開発」。貧困にあえぐ地域の住民が自立して暮らしていけるよう、住民と子どもが主体となってその計画を立て、行動を起こしていけるようサポートすることだ。サウナラハティ小学校の子どもたちが支援しているのは、パキスタンで暮らす七歳の女の子。その子が成人になるまできちんと教育を受けられるよう、資金援助をしている。例えば、学校の保護者会でバザーを開くときに、そのお手伝いをすることでお駄賃をもらえるという許可を出す。お駄賃なので、その金額は一ユーロや五〇セントという少額ではあるが、それを子どもたちが集めて Plan に送金すると同時に、女の子に宛てた手紙を書いて送る。

パキスタンからは定期的に女の子からの手紙と、寄付がどのように使われているのかという報告がPlanを通して届く。

「女の子の成長の様子や、自分たちが集めたお金で彼女が勉強することができるようになったということが、彼女の感謝の言葉とともに手紙で知らされることは、子どもたちにとってとても衝撃的なことです。フィンランドとパキスタン、距離は離れていても、自分たちが小さなかかわりをもつことによって、これだけのことができるんだ、という強烈な体験になります。彼女に対する責任感も生まれます。こうした体験から、地球全体で暮らす人たちのことを考え、自分たちには何ができるか、何をすべきか、ということがおのずと考えられるようになる。そう信じています」とハンナ校長は目を輝かせる。

自分たちが支援している子がこんなに大きくなったんだ。パキスタンの子たちはこんな生活をしているんだ……。そんな感動が、子どもたちの成長に大きくつながっていく。

「世界のリスクについて学ぶ」という科目

原子力発電は本当に安全なのか。ほかにもっとよい方法はないのか。そうしたことを考える授業が高校で行われているという。授業のタイトルは「世界のリスクについて学ぶ」。教科書の内容を見ると、原子力発電などエネルギー問題と地球温暖化から始まり、移民、食糧と飢餓、自然災害、都市化と少子高齢化、医療問題など、テーマは多岐にわたる。選択科目だが、どの高校でも人気が高い科目だという。

ヘルシンキ市に隣接する、ヴァンター市にあるソトゥンギ高校を訪ねた。「世界のリスクについて学ぶ」を担当しているのは、地学のパシ・ヴィルパス先生（五一歳）。テーマがさまざまなので、授業も、地学や地理、生物などで扱う内容を、いろいろな角度から学んでいくという。

たまたま私が訪問した前の日に、北朝鮮で地下核実験が行われたというニュースがあった。さっそく、パシ先生は授業の冒頭でそのことに触れていた。

パシ先生「昨日、北朝鮮で地下核実験が行われたよね。そのニュースは知っているかな？」

生徒「もちろん、知ってます。ビックリしたよな」

生徒「本当に、恐ろしいよね」

一五人の生徒たちがそう言いながら、うなずき合っていたので、聞いてみた。

「遠いアジアで起きたことに、みんな関心があるの？」と。

すると、生徒たちは口々にこう言った。

「もちろんだよ、だってアジアは世界経済の中心でもあるからね」

選択授業だから、世界の国々で起きていることについて関心の高い生徒が多い、ということもあるだろう。でも、日本の高校の授業では「世界のリスク」というテーマの立て方で、国際情勢についてアプローチをする「科目」はないのではないか。

フクシマの事故からエネルギー問題を考える

この日の授業は前回の続きで、「エネルギー問題をどう考えるか」がテーマだった。

東日本大震災の大津波と原発事故の映像、福島から避難している人たちの様子などを、前回の授業中にビデオで見たそうだ。その感想を話し合う。

生徒「町も車も人もみんな津波にのまれていく、ショッキングな映像だった」

生徒「あれは、現実なんだよね。恐ろしい……」

生徒「日本は地震が多い国なんでしょう？　フクシマの事故を見ても、原子力発電は日本には向いていないんじゃないかな」

パシ先生「じゃあ、フィンランドの原子力発電については、みんなどう思っているのかな？」

生徒「フィンランドは、地震も津波も活断層もないし、最新の技術で対応しているから心配していないよ」

ここで、パシ先生が「原発が不安な人は？」と聞いた。二人の生徒が手を挙げた。

生徒「たとえフィンランドの原発が大丈夫だとしても、国境に近いロシアには古い原発があると聞いています。どういう管理をしているかわからないし、チェルノブイリの事故があったことを思うと、安心できません」

生徒「じゃあ、フィンランドの技術をロシアに売ればいいんじゃない？」

生徒「そんなお金、誰が出すと思う？　だいたいロシアは天然ガスとか石油とか、資源がある国なんだ。フィンランドだって、今はそのエネルギーを買って輸入している。そんな国が原発の技術を買うために、フィンランドに対してお金を出すとは思えないよ」

地続きのヨーロッパでは、環境問題を考えたときに、隣国の状況も大きく影響してくる。たとえ自分の国が脱原発を唱えたとしても、隣国が原発を使用していて仮に事故が起こったとしたら、その影響から逃れることは不可能だ。ソトゥンギ高校の生徒たちはどちらかというと淡々と話をしていたが、話は尽きない。パシ先生もその様子を見守りながら、ときどき自分の考えを述べたり、質問を挟んだりして、授業が進められていく。

生徒の一人が日本から来た私にも質問をしてきた。

生徒「フクシマの原発事故から逃れて避難している人たちはどうしていますか?」

私が、除染作業や帰宅困難区域のこと、漁師の中には、放射能による海の汚染で仕事がいつ再開できるかなかなか見通しが立たない人たちもいること、ふるさとに帰りたくても帰れない人たちの現状などを話すと、こういう言葉が返ってきた。

生徒「政府は無責任じゃないの? 少しでも危険で健康や命にかかわるのだったら、フクシマとその周辺の人たちを移住させることが一番だと思うけど」

生徒「私もそう思う。何が一番大事なのか、優先順位を考えて行動しないと。命がなければ元も子もないじゃない」

そこにパシ先生が割って入ってきた。

パシ先生「みんなの考えはよくわかる。命が一番大事だというのは、誰にとってもまぎれもない事実だ。ただ、ちょっとみんなに考えてほしいことがあるんだ。私の妹は南アフリカ共和国の人と結婚して、結婚後はフィンランドを離れて南アフリカに住んでいた。でも、アパルトヘイト（人種隔離政策）が撤廃されたときに、これまでの恨みから白人は襲われる危険があるからと、国外に逃げ出す人たちがたくさんいたんだ。妹の結婚相手の親戚も、すぐさまオーストラリアやニュージーランドに移住していった。それを聞いて私は正直驚いたよ。自分の国を、故郷をそんなに簡単に離れることができるのか、故郷は自分のソウル（魂）がある場所じゃないかと。そう考えると、私はフクシマの人たちの心情がわからなくもないんだ」

パシ先生の妹さん一家はオーストラリアに移住したあと、最終的にフィンランドに居を構えて落ち着いたという。

パシ先生の話が終わると、スカーフをかぶった女子生徒が手を挙げた。

生徒「私はモロッコで生まれて、五歳のときにフィンランドに移住してきました。自分の生まれ育った国を離れることは、子ども心にもとても不安でした。仲のいい友だちと別れなければならなかったことが悲しかった。父親がフィンランドで仕事をしたことがあったので、その経験だけを頼りに移住を決めたようです。今は生活も落ち着いていますが、父も母も、きっと不安だらけだったのではないかと思います」

生徒「自分の祖国を離れるのは、簡単なことじゃないよね、きっと」

ここでまた、パシ先生が授業の流れをエネルギー問題に戻した。

パシ先生「フクシマの事故から、そこで生活していた人たちの現状や、生きていく上でのリスクを考えた。少し話を戻して、そうしたリスクから、エネルギー問題について今日は考えよう。その国によって、政府のやり方や考え方が違うし、もちろん文化だって違う。フィンランドでは、今もこれからも原子力発電は続けていくということで、国民も合意している。でも、本当に原子力発電に頼っていていいのか。今後一〇年間に、どういうエネルギーを選択していくのがいいのか、ということは考えなければいけない問題だよ」

生徒「EUのメンバーとして、再生可能エネルギーを採用していく目標も掲げているよね」

パシ先生「みんなは、どのエネルギーを選んでいったら、いいと思うかな?」

生徒「僕は、波力がいいと思います。目の前に海があるんだから」

生徒「風力発電パークみたいなものを作る、という方法もあるかもしれないけれど、その施設を作ることが環境破壊につながらないかな？」
生徒「風力は、風が吹かなければ電気を起こせないよ」
パシ先生「自然エネルギーは住むところの環境によって、選んでいかなければいけないね」
生徒「水力発電は高低差が必要だから、フィンランドにはあまり向いていないし」
生徒「個人でソーラーパネルを設置したり、地熱を利用したり、自家発電を行うようにすれば、大きなエネルギーに頼る必要がなくなるんじゃないの？」
生徒「でも、交通とか、公共機関で使う電力は必要だよね」
短い議論のあと生徒たちは各自でペアを組んで、風力、波力、地熱、太陽光など、あらゆる再生可能エネルギーの長所・短所と、フィンランドでの実現可能性について分担して調べ、発表をした。フィンランドの現状では、原子力発電を選択するのは当然だが、新しい可能性を追求していく必要がある、ということでこのテーマの授業を終えた。この授業は一コマ七〇分。パソコンルームに移動して、調べるところまでを一コマでこなし、次の授業の半分を発表の時間に費やした。発表の仕方は、ビデオを短く編集して見せてもいいし、写真を見せながら話してもいい。ウケを狙う必要はないけれど、皆に興味をもってもらえるようにプレゼンをする、というのがパシ先生からの注意事項だ。新聞記事や写真を取り込んだり、映像を一分程度に短くまとめたりして、生徒たちは要領よく、あっという間に資料を作り、発表に臨んでいた。発表時間も三~五分程度と短いけれど、要点がよくわかる内容にまとまっていた。

その次に取り組んだテーマは「三つのリスク」。乾燥・干ばつ、地震と津波、トルネードなどの自然災害、という三つのリスクに関して、北米・南米・アジア・アフリカ・ヨーロッパ・オセアニアなど、世界を地域ごとに分担し、それぞれの地域にはどういうリスクがあるか、これまでの歴史を踏まえて考える、という授業だった。この授業も、使用した時間は一コマ半。パソコンルームで調べていた生徒たちに話を聞いた。

男子生徒「二〇〇四年に起こった、インドネシアの大地震と津波について調べています。たしかフィンランド人にも、この地震と津波の犠牲になった人がいたんですよね。僕は地理が好きだし、地球のことにすごく関心がある。それを現代の問題と照らし合わせて、自分で勉強していく授業だから、とても面白いです。今日のテーマは、ペアを組んでいる子と二人でドキュメンタリー形式の短い映像にまとめて発表しようか、と話し合っています」

女子生徒「アフリカを調べていたらナイジェリアで原油の流出事故があって、環境にひどい悪影響を与え、住民の飲み水も汚染されていることがわかりました。その環境汚染が世界に与える影響も心配だし、政情も不安定なようです。アフリカというと、干ばつとか自然災害しかないと思っていたのですが、石油の事故があったなんて本当に驚きました。思いもよらない世界の現状を知ることができるこの授業は、毎時間が楽しみです」

クリティカル（危機的）な時代を生き抜く

「答えのない授業なんです」とパシ先生は言う。

「人生はリスクの連続です。それを乗り越える答えに、たった一つの正解などはありません。そのときの状況に応じて、みんなで知恵を出し合い、どういう道を選択していくのか、ということを考える訓練をこの時間にしています。エネルギー問題について考えたときにも、『完全なものはない。すべてのエネルギーには何か問題がある』ということにまず気づいてほしいのです。石油は枯渇していくし、原子力だって一〇〇%安全だと本当に言い切れるのか。再生可能エネルギーを安定供給するにはどうしたらいいのか。リスクを最小限にとどめるにはどういう選択をしていったらいいのか、ということを考えるプロセスが大事なんだと思います」

パシ先生は授業のときに、しばしばこう生徒たちに語りかけていた。

「君たちは、非常にクリティカル（危機的）な時代を生きているんだよ。面白いと思わないかい」

危機的状況の中で、それを突破していく術《すべ》を学ぶことは、子どもたちにとって非常に興味深いはずだ、とパシ先生は言う。

「まずは、自分たちの抱えている問題を知ること。自分の国で、地域で、世界では何が問題になっているのか。ドラマティックなテーマだと思いませんか？　そこから、真に学ぶことの楽しさや喜びを知ってくれたら、どんな困難な問題にも、彼らは立ち向かって答えを導き出していける。そう、私は信じています」

池上彰　原子力発電の責任の取り方の違い──教育への示唆

世界初の最終処分場決定

増田さんのリポートにあったように、フィンランドは原子力発電を推進している。と同時に、原子力発電導入の話し合いが始まったときから、運転すると出る「使用済み核燃料」（核のゴミ）の処理についても検討してきた。その結果、世界で初めて「使用済み核燃料の最終処分場」が決まり、準備が進められている。そこには、「自国で出たゴミは自国で処理する」という、フィンランド国民の責任感がある。

処分場の受け入れを決めたのは、首都ヘルシンキから北西へ二五〇キロのユーラヨキ市だ。ヘルシンキから列車で西へ二時間。さらに車で一時間四〇分。ユーラヨキ市に属するオルキルオト島に建設することになった。

人口約六〇〇〇人の市には原子力発電所があって、二基の原子炉が運転中で、現在さらに三号機（フィンランド全体では五基目になる）の建設が進められている。原子炉部分はフランスのアレヴァ社、タービンなど発電部分はドイツのジーメンス社が担当している。二〇〇一年のアメリカ同時多発テロ以降に設計された原子炉なので、上空から航空機が突っ込んでも耐えられる構造になっている。

こうした新規の原発建設は、最終処分場の建設が決まっていたから進めることができたという。

「自分たちで出した（核の）ゴミを次世代に渡さず、自分たちで処理する」という政治的決断に基づいた行動だ。最終処分場が決まらないまま新規の原発建設を進めてきた日本とは違う。

この原発に隣接する地域に、最終処分場はある。名づけて「オンカロ」。フィンランド語で「隠し場所」の意味である。フィンランド国内で原子力発電所を持つ二社の電力会社が共同出資して、最終処分する会社を設立した。

日本では、使用済み核燃料を再利用できるように再処理が行われることになっているが、オンカロでは核のゴミは再処理をしないまま、地下に埋めて封じ込めるという方法をとる。フィンランドには、「「核のゴミ」の再処理はしない」という法律があるからだ。現在、国内で稼働中の原子炉は全部で四基。そこから出るゴミはさほど多くはないので、再処理をして核燃料のリサイクルをするのは効率がよくない。また核のゴミを再処理すると、核兵器の原料になるプルトニウムが出てくるので、それを避けたい、という思いがこの法律に込められている。

地下四〇〇メートルへ

二〇一二年六月、建設中のオンカロを取材した。最終処分場の深さは最大で四五〇メートル。このうち四〇〇メートル付近の場所に、使用済み核燃料を埋設する。まずはヘルメットにゴーグル、懐中電灯に非常用の酸素発生装置を装着するという物々しい装備とともに、自動車に乗り込んだ。

目的地までは、長いトンネルの傾斜路が続く。一〇メートル進むと一メートル深くなる傾斜で、螺旋状に降りていく。照明も設置されていてそれなりに明るいが、乗った自動車はライトをつけて、ゆっくり下っていく。

地下四〇〇メートルは、東京タワーを逆さにしたよりは深く、スカイツリーほどではない、という計算になる。トンネルの全長は約五キロ。車二台がかろうじてすれ違えるほどの幅だ。途中はなかなかの圧迫感だが、地下四〇〇メートルに達すると、広い空間が出現した。

使用済み核燃料は、原子炉から取り出した段階では高温状態であるため、いったんは地上で中間保存する必要がある。現在は各原子力発電所の敷地内の冷却プールに貯蔵されていて、二〇年以上かけて熱を冷ますことになっている。その後、直径一メートル長さ四・八メートルの鉄製の筒に入れ、さらに厚さ五センチの銅製のパイプの中に収納する。これをトンネルに掘った直径一・八メートル、深さ八メートルの穴に一本ずつ納めていく。パイプと穴の間の隙間は、ベントナイトと呼ばれる粘土で埋める。

順調に行けば、二〇二〇年から埋める作業を開始するが、一〇〇年で一杯になる予定で、その段階でトンネルを埋め戻して、以後一〇万年以上保管することになっている。保管される核廃棄物には、長期にわたって放射線を出し続ける放射性物質が含まれている。例えばプルトニウムの半減期（放射線が出る量が半分になる期間）は一〇万年だ。

頑丈な鉄や銅も、しょせんは人間が作ったもの。いずれは腐食して、放射性廃棄物が染み出してくることが予想される。それでも周囲のベントナイトは水を通さないので、地下水を汚染することはないという。とはいえ、現在は掘られたトンネルの状態を検査していて、少しでも地下水がある場所には埋めないことになっているという。

この地域の岩盤は一九億年前にできたもので、安定している。地震もほとんど起きない場所だ。地下水も少ない岩盤なので、地下水汚染の可能性が低いことから、ここが選定された。

それにしても、一〇万年以上保管するというのは、想像を絶する時間だ。

ここを埋め戻したのち、一〇万年後の人類に対して、「この場所を掘り返すと危険」という警告の掲示を出すことにしているが、これが難しい。その頃の人類がどんな言語を使用しているか、予測できないからだ。こういう発想をするところが、フィンランドの人たちの合理的なところだろう。日本だったら、「日本語と英語の表示があれば十分」と考えてしまうのではないだろうか。

どんな表示にすれば、未来の人類に警告できるか。文字ではなくピクトグラムという記号を考えているという。日本でも劇場や映画館など、不特定多数が出入りする場所の非常口の表示の記号がピクトグラムだ。こうしたことを検討する様子はドキュメンタリー映画（『100、000年後の安全』）にもなっている。

なぜ建設を受け入れたのか

一〇万年もの間、核廃棄物を保管し続けることに、地元住民の不安はないのだろうか。近くのスーパーマーケットで買い物をする市民に話を聞いた。

「ちょっと不安な気もするけど、一〇万年も先の話だろう。われわれは生きていないから、心配しても仕方がない」

「STUK（フィンランド放射線・原子力安全局）が心配ないと言っているんだから、信用しています」

日本の原子力安全委員会などに比べて、フィンランドのSTUKがいかに信頼を勝ち得ているかを実感した瞬間だった。ただ、この市では、原子力発電所で働く労働者やその家族が多く住んでいるという状況を割り引いて考えなければならないが。

それにしても、地元の住民は、なぜ原子力発電所や核廃棄物処分場の建設を受け入れたのだろうか。

一番の理由は、雇用促進だ。新たに二基の原子炉を建設するにあたっては、ユーラヨキ市に建設される一基以外のもう一基について、二つの自治体（シモとピュハヨキ）が誘致に名乗りを上げたが結局、中部東海岸にあるピュハヨキに建設が決まった。二つの自治体とも近くに大都市がなく、失業問題が深刻だ。原子力発電所が誘致できれば何百という仕事をいっぺんに確保でき、税収も増えることが期待できる。実際、原発のある自治体は、仕事や税収などの経済面で潤っている。

しかし、ここで断っておきたいのは、日本のように原発を受け入れた自治体に対して国から補助金を出すなどということは、フィンランドでは一切ない、ということだ。あくまで「自分たちの判断」で自治体が施設の受け入れを決めてきた。オンカロに関しても「原発を受け入れてきた地域として、処分場も受け入れる責任がある」というユーラヨキ市長の姿勢に住民代表の議会も合意して、処分場の建設が決定した。この点について、ユーラヨキ市のハッリ・ヒーティオ市長に話を聞くと、次の答えが返ってきた。

「原子力で発電することで、私たちは豊かな生活を享受している以上、誰かが後始末を引き受けなければならない」と。

この責任感。日本国内ではなかなか聞かれない言葉だ。でも、危険だとは思わないのか。

「政府や電力会社から完全に独立したＳＴＵＫが安全だと言うから、私たちは信用しています。ＳＴＵＫは、常に国民に情報公開しているから信用できるのです」

都合の悪いことも含めて、常に国民に情報公開をしているので、国民は信用する。政府から独立した信用できる組織が「安全だ」と言うから信用する。原子力規制機関と国民との幸福な関係が、そこにはあった。

ちなみにヒーティオ市長は元銀行員。ユーラヨキ市が市長を公募していると知って、応募したという。ここでは、市民の代表である市議会が市長を公募しているのだ。「銀行の仕事も世の中のためになることですが、今後は社会に奉仕する仕事をしたいと考え、市長に応募しました」とのことだった。

使用済み核燃料の最終処分地を決定したのは、世界でもフィンランドとスウェーデンだけ。中でもフィンランドだけが実際に建設を始めている。

最終処分場をどこにするかは、日本のみならず、世界でも頭の痛い問題だ。アメリカでは、ネバダ州の砂漠地帯に地中埋設する計画が進んでいたが、オバマ政権になってからは安全性に疑問があるとして、計画が撤回されている。では、日本の現状はどうなのだろうか。

収束しない原発事故

東京電力福島第一原子力発電所の事故から六年半以上経過しても、事故は収束していない。高熱を発し続ける燃料棒の冷却はできるようになったが、原子炉周辺に流れ込む地下水の汚染が続いている。

汚染された水は急ごしらえのタンクに貯蔵しているが、地下水の量が多く、二・五日に一個のペースで貯蔵タンクが建設されている。このままでは、タンクを貯蔵する場所がなくなってしまう。さらに、このタンクから漏れて海に流出している汚染水のあることも発覚。原子炉の廃炉に向けた作業とともに、汚染水の処理が緊急課題となっている。

また、原子力発電所周辺の広い範囲で今も住民の立ち入りができず、多くの住民が避難生活を続けている。放射性物質で汚染された土地の除染も実施されているが、あまりに範囲が広く、汚染した土壌を処理するメドも立っていない。

原子力発電は、いったん事故が起きると、とてつもない被害を出す。かつてのチェルノブイリ事故でわかっていたはずなのに、失敗は繰り返されたのである。

福島第一原発で起こったこと

そもそも原子力発電所では、ウラン燃料の核分裂エネルギーで水を熱して蒸発させ、水蒸気でタービンを回して発電している。発生させた水蒸気は、冷やして元の水に戻し、循環させている。この冷却のために必要なのが大量の水。このため、原子力発電所はおのずと海水が豊富にある沿岸部に建設されている。

沿岸部に建てられるのだから、津波への対策は講じられていたはずだった。福島第一原発では、最大で五・七メートルの津波を想定し、海面から高さ五メートルの堤防を築いていた。さらにその内側の高さ一〇メートルの敷地に発電所が建てられていた。ところが、今回の地震で実際に襲ってきた津波の高さは一四メートル。想定をはるかに超えていた。津波は堤防を乗り越え、発電所の敷地内に大量の海水が浸入してきた。これが原子力発電所にとって最大の悪夢である「全電源喪失」を現実のものにしてしまったのである。

地震発生時、運転していたのは六つある原子炉のうち一号機から三号機の三基だった。この三基は地震の揺れを感知し、原子炉に制御棒が挿入されて緊急停止。新たな核分裂は止められていた。

しかし、核分裂が収まったからといって安心はできない。核分裂によって新たに生まれた放射性物質は、放射線を出しながら別の物質に変化しているからだ。これを「崩壊」という。このときに「崩壊熱」と呼ばれる高温が発生する。燃料棒の核分裂は止まっても、原子炉内では高温状態が続くのだ。圧力容器の燃料棒は水に浸されていて、その水を循環させて冷却することになっている。

もしこの冷却がうまくいかない場合、崩壊熱で水は水蒸気となって減少し、燃料棒が露出することになる。高熱によって燃料棒を収納しているジルコニウム合金が溶け、水蒸気と反応して水素が発生する。これが酸素と結合すると、水素爆発を起こす。さらに高熱の燃料が圧力容器内に落下すれば、圧力容器に穴があき、放射性物質は外部に漏れ出す。これが最悪の事態である炉心溶融（メルトダウン）だ。

地震発生から約一時間後、原子力安全・保安院は最初の会見で、「東北地方のすべての原発は緊急自動停止し、冷却機能が保たれている」と発表した。ところが、実際はそうではなかったのだ。冷却水を循環させるには電力が必要だが、地震によって外部からの電力は途絶えてしまった。そうなれば非常用のディーゼルエンジンを使って電力を確保するのだが、こちらは津波によって冠水し、使用不能になっていた。電源喪失だ。ほかにも非常用冷却装置が働かなくなったりして、何重にも備えられていたはずの冷却のシステムは、完全に崩壊してしまっていた。

原子炉内の水は高熱で水蒸気に変わり、圧力が高くなる。この圧力を下げ、圧力容器の破損を防ぐには、弁を開いて内部の水蒸気を逃がす、いわゆるベントという作業が必要だった。この水蒸気には当然ながら高濃度の放射性物質が含まれていた。ベント作業によって、大量の放射性物質が大気中に放出された。

一二日には、一〜三号機のすべてで燃料棒が水面上に露出した。一号機ではベントが行われたのち、格納容器から漏れ出した水素が原子炉建屋の上部に集まり、水素爆発を起こす。続いて一四日には三号機も同様に水素爆発を起こし、二号機も圧力抑制プールで爆発が起こり、圧力容器が損傷したと見られている。四号機は地震発生時には定期点検に備えて運転が止まっていたが、燃料貯蔵プールに使用済み核燃料が置かれていた。ここの水も循環できなくなったため、結局は崩壊熱を抑えることができず、水素爆発に至った。

かくして、大量の放射性物質が広範囲に飛散してしまった。この事故を見ても、使用済み核燃料は高熱を発する厄介なものであることがわかるだろう。

機能しない核燃料サイクル

これだけの事故が起きても、日本の政府は使用済み核燃料を再処理してリサイクルする方針をあきらめていない。しかし、その再処理システムは危機に瀕しているのだ。日本は従来、使用済み核燃料を再処理して、「もう一度使える燃料」と「核のゴミ」に分けることにしていた。資源の少ない日本としては、ウランやプルトニウムを有効利用しようという発想からだ。再処理の結果出てくる「核のゴミ」（高レベル放射性廃棄物）は最終処分場を決めて、地中に埋めることになっている。

しかし、再処理する工場がいつまで経っても完成しない上に、再処理サイクルに組み込まれている高速増殖炉「もんじゅ」は、運転がストップしたまま、ついに二〇一六年に廃炉が正式決定した。しかも、再処理して出てくる「核のゴミ」の最終処分場の場所も決まらない。日本の核燃料サイクルは、やめる決断ができないまま、先送りが続いている。その間も使用済み核燃料は増え続け、電気料金に上乗せされて集めた費用と莫大な税金が注ぎ込まれている。これからも続くこういう問題を考えていくための教育が、日本でも必要なのではないだろうか。

原子力発電所から出る使用済み核燃料には、「燃えないウラン」であるウラン２３

8と、ウラン238から変化したプルトニウム、それに燃え残った微量の「燃えるウラン」であるウラン235、各種の核分裂生成物が含まれている。

このプルトニウムやウラン235を取り出して核燃料として再利用すれば、ただ捨ててしまうよりは有効利用できる。資源の少ない日本としては、輸入できなくなるリスクを軽減することもできる。また、使用済み核燃料のウランやプルトニウムを取り出すことになるため、廃棄物から放射能が減少し、廃棄物の量も減ることになる。一石二鳥のアイデアだと考えられてきたのだ。

使用済み核燃料は再処理工場に運ばれ、放射性廃棄物とウラン、プルトニウムに分け、ウランはウラン燃料に製造して、再利用する。プルトニウムは、専用の原子炉である高速増殖炉「もんじゅ」でウラン燃料とともに燃やすことで、燃料として使った以上のプルトニウムを生み出す。放射性廃棄物は、高レベル放射性廃棄物と低レベル放射性廃棄物に分類し、それぞれ保管・処分する。これが、日本政府が描いてきた核燃料サイクルだ。

ところが、核燃料サイクルで重要な役割を果たすはずの高速増殖炉「もんじゅ」は事故で運転がストップし、サイクルは機能しないままだった。

「もんじゅ」は、福井県敦賀市にある日本原子力研究開発機構の高速増殖炉である。MOX燃料（プルトニウム・ウラン混合酸化物）を使用し、消費した量以上の燃料を生み出すという機能を持つ原子炉で、将来の実用化に向けた「原型炉」という位置づけだった。

この原子炉は、通常の原子炉が冷却に水を使うのに対して、液体ナトリウムを使用する特徴がある。一九九五年に運転を開始すると数か月後、ナトリウムが漏れて火災を起こし、運転が止まった。二〇一〇年になってようやく運転を開始したが、原子炉容器内に炉内の装置が落下する事故を起こして、再び運転が停止していた。

その後、原子力規制委員会の調べで、保安規定に基づく機器の点検漏れが多数あることが発覚し、規制委員会は二〇一三年五月、原子炉等規制法に基づいて、無期限の使用停止を命じた。そして二〇一六年一二月に政府は廃炉を正式決定した。

「もんじゅ」の運転が止まっていたため、MOX燃料の使い道がなく、一般の原子炉でそれを使うことになった。これが「プルサーマル」だ。プルトニウムの「プル」と、原子炉の英語の一部の「サーマル」を結合させた和製英語である。

再処理工場が動き出さない

核燃料サイクルが機能するには、再処理工場の操業が前提となる。これまで日本では大規模な再処理工場がなく、イギリスやフランスに処理を委託してきた。

日本では、一九九三年から青森県六ヶ所村《ろっかしょむら》で、日本原燃の再処理工場の建設が進められてきた。完成すれば、年間八〇〇トンの使用済み核燃料を再処理（つまり再利用可能部分と「核のゴミ」に分別）する能力がある。

ところが、使用済み核燃料からウランやプルトニウムを取り出した後の廃液をガラスで固める「ガラス固化体」の製造試験でトラブルが相次ぎ、当初は一九九七年に予定されていた完成は一九回にわたって延期されてきた。まだ完成していないのである。

日本国内の原発で出てきた使用済み核燃料は、それぞれの発電所内部にある貯蔵プールに保管しているが、すでにその七〇%が埋まっている。六ヶ所村の再処理工場の貯蔵プールにも、全国各地から運び込まれているが、こちらは九八%が埋まり、ほぼ満杯だ。日本全国で出た使用済み核燃料はすでに一・七万トンに達しているのだ。

二〇一二年六月、貯蔵プールを見ることができた。巨大なプールの底に整然と並んでいた。水は放射線を遮るため、プールのそばまで行って見ることができたのである。

今後、各地の原発で運転が再開されると、使用済み核燃料の行き先がなくなるという事態も予想される。このため、青森県むつ市に、東京電力と日本原子力発電から出てきた使用済み核燃料を中間貯蔵する施設（リサイクル燃料貯蔵という会社が運営）が建設中だが、全国の発電所の分まで貯蔵できるわけではない。このままでは、「使用済み核燃料の保管先がないので運転を停止します」などということが起きる可能性すらあるのだ。

最終処分場が決まらない

うまくいっていないのは、それだけではない。再処理して出てきた放射性廃棄物の最終処分場が決まらないのだ。

放射性廃棄物に関しては、そのレベルに応じて、処分の仕方が異なる。放射能レベルが極めて低い廃棄物は、地下数メートルにそのまま埋め立て処分される。放射能レベルが比較的低い廃棄物は、六ヶ所村の低レベル放射性廃棄物埋設センターで、地下約一〇メートルのコンクリート製の施設に埋設される。

問題は、高レベル放射性廃棄物の処理だ。日本の場合、地下三〇〇メートルより深い地下に埋める「地層処分」することが二〇〇〇年に決まっている。再処理によって出てきたガラス固化体を、三〇年から五〇年かけて冷却した後、地下に埋めるのだが、その候補地が見つからない。

高レベルの放射性廃棄物の最終処分を実施するのは「原子力発電環境整備機構」(NUMO《ニューモ》)だ。なんとも不思議な名称の組織で、原子力発電の「環境整備」をする会社だという。「核のゴミ」を処分することが環境整備につながる、というわけだ。最終処分が決まらなければ、原子力発電の「環境整備」も進まないことを、問わず語りに明らかにしてしまっている。

NUMOは候補地を選定するにあたり、全国の市町村の応募を受け付けることになっている。応募があれば、NUMOが土地を実際に掘ってみるボーリング調査などを実施し、二〇一〇年代前半に候補地を絞り込むことになっていた。

ところが、二〇〇二年に始まった最終処分場の公募では、二〇〇七年一月に高知県東洋町が正式に応募したが、これを知った議会や住民が反対し、四月には応募を取り下げている。このため経済産業省は二〇一七年七月、廃棄物を埋める最終処分場の候補地になり得る地域を示した全国の地図を作成して公表したが、正式な応募は出ていない。

青森県の下北半島では、六ヶ所村に再処理工場が建設され、むつ市に中間貯蔵施設があり、東通村《ひがしどおりむら》に東通原子力発電所がある。さらに大間町《おおままち》に大間原発が建設中である。こうなると、「下北半島に最終処分場も」という誘致話が浮かんでは消えるが、青森県は、最終処分場の建設を認めないと宣言。二〇〇八年に当時の甘利明経済産業大臣も、「青森県を最終処分地にしない」との確約書を青森県に提出している。

誘致すれば巨額の資金が投下されるが

もし最終処分場の建設が決まれば、地元には巨額の資金が投下される。そもそも選定の前の基本的な調査に応じるだけで、周辺自治体には年間一〇億円を超える交付金が支払われることになっている。さらに建設が始まれば、毎年五五〇億円もの経済効果が見込まれるという試算もある。

だが、名乗り出る自治体はない。フィンランドは固い地盤があるが、日本は有数の地震・火山大国。地下水も豊富で、地下に埋設処分された高レベル放射能によって将来どんな影響が出てくるかわからないという不安があるから、名乗り出る自治体がないのも当然と言えるかもしれない。

しかし、日本は、使用済み核燃料の最終処分の方法が決まらないまま、原子力発電に乗り出してきたのだ。「トイレなきマンション」などと揶揄《やゆ》されながらも、原発建設を続けてきた。その結果が、これだ。

「一〇万年後への責任」

国から交付金が出なくても、原発を建設した責任として最終処分場に名乗り出る自治体があるフィンランドと比較すると、その差は際立つ。どこに違いがあるのか。フィンランドは、「一〇万年後」のことまで考える責任感があるのだ。

日本も原発をどうするかが選挙の争点になりつつある。学校での討論のテーマにもなりうるのだ。

学校で「信頼」を教え、きちんとしたリスク管理も考えさせるフィンランドの教育の特徴から、学べることは多いのではないだろうか。

第3章 未来を音楽で切り拓く

被災地の相馬の子どもたちやベネズエラから来日したホワイトハンドの方たちと一緒に熱唱する「東京ホワイトハンドコーラス」

（写真＝Koichiro Kitashita）

増田ユリヤ　ベネズエラの音楽教育プログラム「エル・システマ」

南米ベネズエラ発祥の音楽教育プログラムで、東日本大震災で被災した子どもたちの未来をサポートしていこうという試みが始まっている。プログラムの名前は「エル・システマ」(El Sistema：スペイン語。英語でいえばThe System)。一九七五年、ベネズエラの政治家・経済学者で、音楽家でもあるホセ・アントニオ・アブレウ氏が始めた活動だ。

貧富の差が激しいベネズエラでは、犯罪率が高い。スラム街に暮らす子どもたちを貧困や暴力、ドラッグといった社会問題から救い出すにはどうしたらいいのか。アブレウ氏が提唱したのは、オーケストラや合唱による音楽教育だった。どんな状況にある子どもでも、きちんとした指導のもとで楽器を手にして仲間と一緒に演奏をすれば、おのずと向上心や連帯感が育まれていくというのだ。希望する子には誰にでも無償で楽器を提供し、子どもたちがお互いに教え合いながら、一つの音楽を作り上げていく。表現する喜びや演奏をやり遂げたときの達成感を仲間とともに感じ、「音を楽しむ」ことで心が満ち足りることを知り、それがどんな困難な状況の中でも、明日を生きる活力へとつながっていくことを学ぶ。

最初はたった一一人の子どものために立ち上げたというこのプログラムは、現在、国内およそ三〇〇か所の教室に約四〇万人の子どもたちが通う活動へと発展していった。政府も年間六五億円という規模の支援をしているという。

このエル・システマの活動はベネズエラ国内だけにとどまらず、南米各国をはじめ、フランスやアメリカ、スウェーデンや韓国など、今では世界六〇以上の国と地域に広がりを見せ、その国の状況に合わせたプログラムが実施されている。

東北でエル・システマをやるべきではないか

大震災と原発事故という災害に見舞われた福島県相馬市にこの活動が紹介されたのは、二〇一一年一二月のこと。きっかけは、震災直後に日本ユニセフ協会から緊急支援本部チーフコーディネーターとして派遣された菊川穣《ゆたか》さんが、ユニセフ親善大使として被災地を訪問していたベルリン・フィルハーモニーのメンバー、ファーガス・マクウィリアム氏から言われた一言だった。

「東北でエル・システマをやるべきではないか。君ならできるよ」

この頃、菊川さんは被災地で支援活動をする中で、真剣に悩み始めていた。

「二〇一一年一一月、ユニセフ協会の支援で「相馬の子どもが考える東日本大震災発表会」（福島県相馬市教育委員会主催）が開かれたときのことです。この会は、子どもたちが震災についてどう感じ、考え、向き合っているのか、ということを率直に語り合うことを目的としていました。そこである小学生の男の子がこう言ったのです。

「相馬の復興は、これから二〇年から三〇年はかかると思います。それは私たちの人生そのものでもあります。私たちは相馬市の未来づくりに役立つ人間になれるよう、しっかりと学び、考えていきたいと思います」。衝撃でした。子どもにとって、震災からの復興＝人生そのものなんだ、と。じゃあ、彼らの人生に対して、自分はどんな支援をしていけるのか、と」

家族や友だちを亡くした子ども、津波で家を流された子ども、原発事故の影響で避難している子ども……。表面的には、日々の生活を少しずつ取り戻しているように見

活動の場を広げ続けているエル・システマジャパン代表の菊川穣さん

えても、子どもたちが心に負った傷は計り知れない。見えない放射能の不安と向き合いながら、それでもふるさとで生きていく子どもたちが未来に希望を抱き、自信と誇りをもって生きていくにはどうしたらいいのか。

実は菊川さん自身、ユネスコ（国連教育科学文化機関）、ユニセフ（国連児童基金）の職員として九年間、南アフリカ、レソト、エリトリアで子どもたちのために活動していた経験がある。病気や貧困、暴力から子どもを守り、未来への希望をもたせるという教育や公衆衛生のプログラムに携わっていたのだ。

菊川さんに声をかけたマクウィリアム氏

も、エル・システマの活動に携わっている一人だった。ホルン奏者として、毎年のようにベネズエラを訪問して子どもたちの指導に当たり、二〇〇八年には自身のふるさとであるスコットランドにエル・システマを設立している。氏の話によれば、エル・システマの活動は、実施される国や地域の状況に合わせてフレキシブルに行われているという。スコットランドの場合は、日本と同じように少子高齢化が進み、経済が疲弊して、このままでは衰退の一途をたどるしかない、という状況だった。「スコットランドでもできたのだから、絶対に東北でもできる」、そんなアドバイスや励ましが、菊川さんの悩みや迷いを吹き飛ばし、背中を押してくれた。

そして、菊川さんは日本ユニセフ協会を辞め、エル・システマジャパン（http://www.elsistemajapan.org/）を立ち上げたのである。

学校でエル・システマをやろう！

一般社団法人としてエル・システマを立ち上げ、代表となった菊川さん。自身の役割は「コーディネーター」。つまり、この活動に賛同してくれる人たちに、どのように協力してもらい、子どもたちとかかわってもらうか、ということを調整し、資金を調達する役割だ。

「エル・システマの活動を始めるにあたって、マクウィリアム氏に話を聞いた以外は、例えば日本の著名な演奏家に相談をするようなことは一切ありませんでした。日本の音楽家や音楽教育をとりまく状況はまだまだ閉鎖的で「どんな演奏家に師事したかを経歴に書く」ということに象徴されるように、学閥があったり、師匠がその人のブランド力になったりします。しかし、エル・システマが目指すものはそうではありません。演奏することを心底楽しみ、そのエネルギーを、明日を生きる力へと変えていくことなんです」と菊川さんは言う。もちろん、自身も音楽についての教養や理解はあり、高校時代は吹奏楽部でアルトサックスを吹いていたという。しかし、「もし私が音楽の専門家だったら、自分があれやこれやと指導をしたくなってしまって、うまく活動をまわしていくことに専念できなくなったのではないかと思います」と話す。

子どもたちに対して、いつどのように活動の場を提供していくのか。放課後の時間、週末などいくつか考えられる選択肢はあったが、場所の提供や指導者の確保、子どもたちが参加しやすい形、ということを考えたときに、場所は学校がいいのではないか。そして、小学校から始めたらどうか、という結論になった。もともと相馬市の小学校では、弦楽合奏、マーチング、合唱などの活動が放課後のクラブとして盛んに行われていて、全国大会にまで出場した経験もある。すでに楽器もそろっていて活動の基盤ができている。まずはそうしたクラブ活動を支援すると同時に、これまでまったく楽器を持ったことがない子にも演奏する機会（教室）を設ける。そして将来的には、小学生だけでなく中学生・高校生も一緒に「相馬子どもオーケストラ＆コーラス」を結成する。これが「日本のエル・システマ」の目標となった。

数か月の準備期間を経て、二〇一二年五月には相馬市の「音楽による生きる力をはぐくむ事業」として、「エル・システマジャパン」と相馬市との間で正式に協定が結ばれた。七月の夏休みから本格的に始動したエル・システマの活動では、拠点となった市内三つの小学校で、地元の人材を中心に国内外から協力を申し出てくれた専門家が弦楽器の演奏やコーラスの指導にあたり、一年足らずで合同コンサートを開催するに至った。二〇一三年二月に開かれたコンサートの冒頭では、わずか四か月前に初めてバイオリンを手にした子どもたち一八人が、モーツァルトの「きらきら星変奏曲」を見事に演奏した。

「生まれて初めてバイオリンという楽器を見ました。音が出たときには本当に嬉しかったです。ありがとうございます」と挨拶をした子どもたち。彼らが使っている小さなバイオリンの多くは、全国からの善意で集まったものである。感謝の気持ちを忘れず、その喜びを演奏で表現した子どもたちの姿に、客席から見守っていた保護者や地元の人たちは、久しぶりの笑顔に包まれていた。「子どもたちの嬉しそうな様子や親御さんたちの喜ぶ姿を見て、大変なことも多いですが、この活動をやって本当によかったと思いました」と相馬市教育委員会の関係者は言う。

人材をどう確保するか

学校という場でエル・システマを始めるにあたっては、いくつかの偶然が重なったこともあって、一年足らずの間に、いわばとんとん拍子で活動が進められていった。その一つが、人材の確保である。

まず、教育委員会を訪ねた菊川さんは、

①いったい誰にバイオリンの指導をお願いできるのか

②学校という場で、しかも無料で楽器のレッスンを受けられるとなったときに、古くから地元にある楽器メーカーの音楽教室との兼ね合いをどうしたらいいか

ということを相談した。その場には、地元の楽器メーカーの後藤賢一さん（七〇歳）も同席していて、経緯を説明した。すると、後藤さんはこう言ってその場で電話をかけ始めた。

「子どもオーケストラは、私の長年の夢でもあります。同じ思いをもったバイオリンの先生が、原発事故で、南相馬市から市役所の近くにある実家に避難してきています。すぐに連絡してみましょう」

電話をかけた相手は、南相馬市でバイオリン教室を主宰していた須藤亜佐子さん（五七歳）だった。原発事故で避難生活を余儀なくされていただけでなく、病に倒れた夫の看病、実家の親の世話まで一手に引き受けていた。それでも、自分が子どもの頃からお世話になっていた後藤さんからの誘いに、二つ返事で快諾をした。

「やった！と思いました。やらねばならないことに追われ、自宅にいつ帰れるかわからない状況の中で、またバイオリンを教えることができる。しかも、後藤さんと一緒に夢見ていた、子どもオーケストラを結成することができるかもしれない。こんな嬉しい知らせはありませんでしたね」

と須藤さんは言う。活動の準備が始まった直後には、一〇年もの間、闘病生活を送っていた夫が亡くなるという不幸にも見舞われた。しかし「日々精一杯、前だけを向いて生きる」ことをモットーとしている須藤さんは、子どもたちの指導に当たっているときも、どこまでも明るく、エネルギッシュである。

もう一人、一九九〇年代に相馬の小学校の器楽部を全国大会に導いた当時の顧問、星洋子さん（六二歳）にもすぐに声をかけた。ちょうど小学校教員を定年退職したばかりだった星さんは、教育委員会のある市役所の同じ建物で、週三回児童相談の仕事をしている。時間的にも多少の余裕があり、自分が最後に教えた子たちもまだ小学校にいる。全国大会に出場した当時から、星さんの指導目標は「楽しんで演奏すること」だった。コンクール至上主義に陥りがちな風潮の中、その方針は画期的なものであったし、だからこそ全国大会出場という結果に結びついた。そうした音楽に対する考え方や指導方針は、エル・システマの目指すところとぴったり一致していたのである。

後藤さん、須藤さん、星さん。この三人がいたからこそ、相馬におけるエル・システマジャパンが成立した、と言っても過言ではない。

どんな子にも本物の文化にふれる機会を与えたい

学校を舞台に活動を展開していくのだから、学校や教育委員会の理解と協力はもちろん欠かせない。活動を積極的に推進していく原動力となってくれた一人が、教育委員会学校教育課の鈴木孝守さんだ。

「私はこの地域で生まれ、育ちました。大学生になって東京に出て、圧倒的に周囲の人との違いを感じたのは、「本物の文化に触れる機会がなかった」ということです。ピアノはもとよりバイオリンやバレエ、演劇など、子どもの頃から専門家についてさまざまな能力を伸ばし、技術を身につけてきている人がいかに多いか、ということを知りました。都会にはそうした文化を提供する場もあり、教える人材もたくさんいる。自分でちょっと足を運べば、一流の名画を目にする機会だって日常的にあります。山奥で育った私には、そうした経験がまったくなかった。子どもの頃から本物に触れ、もっと早い時期から教養を身につけたかったと非常に悔しい思いをしました。そんな機会があれば、たとえへき地に住んでいる子でも、その子の才能をもっと伸ばしてやることができるのではないか。エル・システマの話があったときには「意地でもやろう」と決心したのです」

しかし、相馬市内に全部で一〇ある小学校の校長を対象に説明会を開いても、最初に関心を示してくれたのは半分の五校。「鈴木さんは、今は熱心に語っているけれど、どうせ教育委員会にいるうちしかこの活動をやらないんでしょう?」という批判の声も浴びせられた。たしかに四、五年で教育委員会は異動の時期がくる。「被災地の先生は、日々の子どもたちのフォローが通常の学校以上に大変です。しかも、外部から支援したいという申し込みがひっきりなしに来て、嬉しい悲鳴を通り越して、忙しすぎて手がまわらないような状況にあります。だからこそ、うまく活動を立ち上げて、先生たちにバトンタッチしていかなければ続けていくのは難しいだろう、と感じました。学校での活動に組み込まれてしまえば、どんな形であれ進んでいくと思いますからね」と鈴木さん。

私がこの話を教育委員会で聞いたとき鈴木さんの隣にいたのが、二〇一三年三月まで市内の小学校教頭だった、横山修さんだ。四月から、教育委員会の指導主事となり、エル・システマの担当となった横山さん。教頭だった当時、学校に持ち込まれたエル・システマの活動について、こう思ったそうだ。

「校長に対して説明会があるという案内が来ました。校長が「行かなくていいでしょう」と言ったとき、私自身もそう思いました。そうでなくても学校は忙しい。お願いしてもいない話を持ちかけられても、対応しきれないですからね」

正直な方である。そんな自分がまさか教育委員会に異動して、担当になるとは思っていなかったそうだ。

「でも、逆に、学校側の要望に対して支援があれば、学校としては「ありがたい」ということになり、こちらも感謝してもらえるんです」

この横山さんの考え方は、学校でエル・システマの活動を進める大きなヒントになった。二〇一三年度は、前年度から始まった既存のクラブ活動への支援や初心者のための放課後バイオリン教室を継続することに加え、週末の土・日を利用して、公民館で須藤先生や専門家の方たちを招いて行う弦楽教室の活動が始まった。参加費は無料で、希望者は楽器も貸してもらえるし、小学生なら誰でも参加できる（実際には、中学生・高校生も参加）。日常の活動に加えて、毎月のようにベネズエラやアメリカなど海外からプロの演奏家が来日してミニコンサートを開催すると同時に、子どもたちの指導に当たってくれる。海外で活動した経験のある日本人の専門家も指導に来てくれる。本物の音楽に触れられ、しかも楽器の演奏もできるようになる。保護者たちの間でその評判がどんどん高まり、最初は市内五校からしか希望の手が挙がらなかった活動も、結局一〇校全部に対して何らかの支援をすることになった。支援の内容は、例えば弦楽器の生演奏を鑑賞したいとか、歌唱やリコーダーの指導をしてほしいといった具体的なことだ。頻度は一学期に一度程度のことではあるが、「本物にふれる機会」ができるということは子どもたちにとって、非常に貴重な体験になる。

ある小学校には、アメリカの音大生トリオがやってきた。ピアノ・バイオリン・チェロの演奏を聞かせてくれたあと、希望する子ども一人ひとりに自分たちの楽器を持たせて、初めての子にも手伝ってあげながら「きらきら星」の一フレーズを弾かせてくれた。本物の楽器など目にしたことも手にしたこともない子たちが、自分の手で楽器を持ち、その感触を肌に感じ、音を出したときの感激した様子は、はじけんばかりの笑顔だ。その様子を見ているクラスメイトたちも、目を見開き、一緒に笑い、演奏が終わるごとに拍手をしていた。

「ドキドキした」、「もっと弾いて音を出してみたい」。子どもたちは興味津々である。

全国規模の活動のモデルにしたい

活動の立ち上げから一年あまり経った二〇一三年七月。週末の弦楽教室の参加者は、当初の三〇人から一〇〇人近くにまで膨れ上がった。もう、オーケストラも夢ではない。活動資金は、文部科学省の復興予算やスポンサーとなってくれた企業、善意の寄付などで賄っているが、これだけ人数が増えてくると、指導者も予算もいくらあっても足りない。資金集めのために、ネット上で活動支援金をつのる「クラウドファンディング」に参加したり、活動を広く理解してもらうためにシンポジウムを開催したりと、代表の菊川さんは相馬と東京を行ったり来たりしながら、目まぐるしい毎日を送っている。

もちろん、被災地・相馬での活動を軌道にのせていくことが日本のエル・システマの一つの目標であるが、菊川さんの希望はそれだけにとどまらない。

「相馬での活動をモデルケースにして、全国の学校で同じことができれば、と思うのです。ベネズエラのエル・システマが貧困や暴力から子どもたちを救うための活動として成果を上げたように、日本でも、貧しい子でも、へき地に住んでいる子でも、どんな環境にある子でも、音楽にふれ、明日を生きる勇気をもてる機会をつくってあげたい。日本の教育レベルは決して低くありません。しかし、いじめや自殺など、子どもをとりまく環境や問題は、心配で深刻なことも多いです。そこで二〇一三年九月から、青山学院大学教授の苅宿《かりやど》俊文さんの協力を得て、エル・システマの活動が、子どもたちにどんな教育効果をもたらすかということを学術的に調査してもらうことにしました。こうした実証データも基にして、全国展開するためには何が必要かということを客観的に分析しながら、各地域、子どもたちに合った支援に広げていきたいのです」と菊川さん。

進化し続けるエル・システマジャパンの活動

菊川さんの目標は、本人が思っていた以上の速度であっという間に達成され、さらなる広がりを見せている。

まず、被災地・相馬での活動をもとに、人口あたりの死者・行方不明者が一番多いと言われている被災地・岩手県大槌町でも、二〇一四年から放課後バイオリン教室と週末弦楽教室が始まった。活動には、未就学児〜中学生までの子どもに大人も加わって、全部で四三人（二〇一七年）が参加している。大槌町では、今なお多くの子どもたちが仮設住宅での生活を余儀なくされ、人口流出も止まない。この地域で盛んだった吹奏楽など学校でのクラブ活動もままならない状況が続いているが、エル・システマによって、町内四つの小中学校への音楽活動支援に加え、二〇一六年には木管教室も始まった。オーケストラの先輩でもある相馬の子どもたちとの交流や季節ごとの行事でのコンサートなど、ここ大槌町でも着実に実績をあげている。

二〇一七年には、新たに被災地以外での活動も始まった。

アルプス山脈をのぞむ長野県駒ケ根市。ここは大都市圏から離れていて、子どもたちが芸術活動に直接関われる機会が限られているという。そこで、地方における教育機会の格差という観点から、小学校の音楽部の活動支援や弦楽教室を導入することになった。弦楽器は、費用の面でもまだまだハードルの高い習い事というイメージだが、「学校や公の施設で、しかも無料でバイオリンを習うことができるなんて夢のよう。飽きっぽいうちの子が毎回の練習を楽しみにしているんですよ」と、練習に付き添ってきた保護者はいう。

東京では、聴覚障害や自閉症、発声に困難を抱える子どもたちのために「東京ホワイトハンドコーラス」の活動を立ち上げた。これは、さまざまな歌詞を自分たちで感じるがままに手で表現しながら「歌う」もので、エル・システマの元祖ベネズエラでの活動がもととなっている。白い手袋をして「歌う」ことから「ホワイトハンドコーラス」という名前がついた。本格的に活動を始めたのは二〇一七年六月。ソプラノ歌手で駐日ベネズエラ大使夫人のコロンえりかさんと社会福祉法人トット基金・日本ろう者劇団の井崎哲也さんの指導のもと、就学前から高校生まで一一人の子どもたちが月二回の練習に励み、三か月後の一〇月には初めてのコンサートで唱歌「もみじ」や、まどみちおさんの詩集を曲にのせて披露した。フィナーレでは、相馬の子どもたち（相馬子どもコーラス）やベネズエラから来日したホワイトハンドコーラスの方たちと一緒に、モーツァルトの「アヴェ・ヴェルム・コルプス」を見事に歌い上げた（章扉の写真）。練習のとき以上に生き生きと、手だけでなく身体も目いっぱい使って「歌う」子どもたちの笑顔に、音楽の力を改めて思い知らされた。

エル・システマ創始者のアブレウ氏は、「住むところや食べるものに不自由なだけが貧困ではない。孤独や他人に評価されない、精神的に満たされない、ということだって貧困だ。音楽を通して精神的な豊かさを手にしたとき、貧困が生む負の循環は断ち切られる」と語っている。

被災地相馬で始まったエル・システマジャパンの活動が、日本の子どもたちを明るい未来へと導く一助となりうるのか大いに期待しながら、これからも子どもたちの成長を見守っていきたい。

おわりに

最初にこの本を書いたのは、二〇一三年。東日本大震災後の日本が様々な危機に直面しているときだった。目の前に立ちはだかる新たな問題に向き合い、解決していくために、教育の現場では何ができるのだろうか。そもそも「教育の現場」とは、学校だけなのだろうか。そんな思いを抱きつつ、これまで取材を続けてきたフィンランドやフランスの学校などを改めて訪問すると同時に、被災地の復興支援に取り組む日本の活動にも目を向けた。あれから四年余り。今回、改訂版として出版するにあたって原稿を読み返してみると、内容がちっとも古びていないことに気付く。つまりそれは、当時考えていた教育の問題や課題があまり解決の方向に向かっていないということではないか。エネルギー問題にしても、原発の再稼働を進めようとする一方で、相変わらず核のゴミの最終処分をどうするかという課題を解決するための議論は進んでいない。

いじめの問題にしても、学校現場での調査結果やいじめの件数などが公表され、スクールカウンセラーをおいたり、複数の学校関係者がチームを組んで子どもたちの問題に積極的に向き合おうとする取り組みが見られる一方、いじめがあるとわかっていても十分な対応がなされず、結局自殺に追い込まれた子どもに関する事後の調査までが不十分だったり、福島の原発事故の影響で首都圏などに移住を余儀なくされた子どもが(放射線の影響でばい菌扱いをされるような誤解によって)いまだにいじめに遭って苦しんでいることが発覚したりしている。これだけ情報があふれ、一瞬のうちにその情報を伝え、共有できる環境にあるのに、なぜ見て見ぬふりをして同じあやまちを繰り返してしまうのだろうか。

それは、問題の根本を正すという解決方法をとらないからではないか、と私自身は思う。何か問題が起きたときに、原因よりも周辺に対する忖度の方が優先され（その忖度の方向は様々であるが、主には当事者の利害関係によるところが大きいのではないか）、正面から問題と向き合ってこなかったのではないか。この本でも、フィンランドやフランスの教育現場を海外の事例として取り上げたが、国内外問わず子どもの成長に伴って起きてくる問題に大きな違いはない。違うとすれば、その問題をどうやって解決するかという考え方や方法ではないだろうか。

フィンランドの章に登場した高校のパシ先生の言葉をよく思い出す。「人生はリスクの連続。それを乗り越える答えにたった一つの正解などない」「クリティカル（危機的）な時代に生きることの面白さ。そこから真に学ぶことの楽しさや喜びを見いだす」。こうしたことを子どもたちに教える場が学校であり、その学びをサポートするのが教師の役目だ。それは最初から固定観念に縛られた価値観で上から教え込むようなことでは決してない。

最後に、この本を世に送り出すにあたってお世話になった方々にお礼を申し上げたい。最初に企画を手掛けてくれた岩波書店の田中朋子さん。フランスでは山本妃呂子さん、フィンランドではヒルトゥネン久美子さんにコーディネーターとしてお手伝いいただいた。改訂版は、ポプラ社の木村やえさん、（株）創造社の笠原仁子さんと小山晃さんのお力添えがあって実現した。そして、共著者であり三〇年来の大先輩である池上彰さんと、取材で出会ったすべての方々に、感謝をこめて。

二〇一七年一一月

ジャーナリスト　増田ユリヤ

編集　株式会社創造社（笠原仁子／小山晃）

本書は、岩波書店より二〇一三年一一月に『突破する教育——世界の現場から、日本へのヒント』のタイトルで刊行された書籍をもとに、第1章や対談を割愛するなど内容を一部改稿・加筆・再構成しました。

池上彰
いけがみ・あきら

1950年、長野県生まれ。慶応義塾大学卒業後、NHK に記者として入局。事件、事故、災害、消費者問題、教育問題等を取材。2005年に独立。2012年から16年まで東京工業大学教授。現在は名城大学教授。海外を飛び回って取材・執筆を続けている。著書に『伝える力』(PHPビジネス新書)、『おとなの教養—私たちはどこから来て、どこへ行くのか?』(NHK出版新書)など多数。増田ユリヤとの共著に『世界史で読み解く現代ニュース』シリーズ、『徹底解説!アメリカ』、『なぜ、世界は〝右傾化〟するのか』(ポプラ新書)がある。

増田ユリヤ
ますだ・ゆりや

神奈川県生まれ。國學院大學卒業。27年にわたり、高校で世界史・日本史・現代社会を教えながら、NHKラジオ・テレビのリポーターを務めた。日本テレビ「世界一受けたい授業」に歴史や地理の先生として出演のほか、現在コメンテーターとしてテレビ朝日系列「グッド! モーニング」などで活躍。日本と世界のさまざまな問題の現場を幅広く取材・執筆している。著書に『新しい「教育格差」』(講談社現代新書)、『教育立国フィンランド流教師の育て方』(岩波書店)、『揺れる移民大国フランス』(ポプラ新書)など。池上彰とテレビ朝日「ワイド! スクランブル」のニュース解説コーナーを担当している。

※本書の内容は2017年10月現在のものです

ポプラ新書
141
偏差値好きな
教育〝後進国〟ニッポン
2017年12月7日 第1刷発行

著者
池上彰 + 増田ユリヤ
発行者
長谷川 均
編集
木村やえ
発行所
株式会社 ポプラ社
〒160-8565 東京都新宿区大京町22-1
電話 03-3357-2212（営業） 03-3357-2305（編集）
振替 00140-3-149271
一般書出版局ホームページ www.webasta.jp
ブックデザイン
鈴木成一デザイン室
印刷・製本
図書印刷株式会社

N.D.C.371/190P/18cm ISBN978-4-591-15690-2

生きるとは共に未来を語ること　共に希望を語ること

昭和二十二年、ポプラ社は、戦後の荒廃した東京の焼け跡を目のあたりにし、次の世代の日本を創るべき子どもたちが、ポプラ（白楊）の樹のように、まっすぐにすくすくと成長することを願って、児童図書専門出版社として創業いたしました。

創業以来、すでに六十六年の歳月が経ち、何人たりとも予測できない不透明な世界が出現してしまいました。

この未曾有の混迷と閉塞感におおいつくされた日本の現状を鑑みるにつけ、私どもは出版人としていかなる国家像、いかなる日本人像、そしてグローバル化しボーダレス化した世界的状況の裡で、いかなる人類像を創造しなければならないかという、大命題に応えるべく、強靭な志をもち、共に未来を語り共に希望を語りあえる状況を創ることこそ、私どもに課せられた最大の使命だと考えます。

ポプラ社は創業の原点にもどり、人々がすこやかにすくすくと、生きる喜びを感じられる世界を実現させることに希いと祈りをこめて、ここにポプラ新書を創刊するものです。

未来への挑戦！

平成二十五年　九月吉日　　株式会社ポプラ社